中野與之助
（1887年～1974年／明治20年～昭和49年）

◉はじめに

これから説こうとするのは、いまから六〇年前の一九六一（昭和三六）年一〇月にオイスカを創立し、「地球上は人間の教育の場であり修業道場である」ことを訴え、自ら実践し続けた中野與之助の物語である。

本書は中野の人生の歩みに従って「第一章　焼津」と「第二章　清水」で前半生を、「第三章　日本」で学問修業時代を、「第四章　世界」でオイスカの実践と理想を綴っている。最終の「第五章　宇宙」では、中野が説き続けた「宇宙経綸《けいりん》」に基づいて現在の世界が直面する様々な難問を考えてみた。

第二次世界大戦後の荒廃と混乱の社会を前に、中野はいち早く農業による草の根の国際協力を訴え、実践し、地球と調和し、地球に負荷を掛けない持続可能な国際社会の実現を目指した。

それは、一九七二年に世界の代表的知性が集ったローマクラブ（地球の有限性を注視した世界的民間シンクタンク。一九六八年に結成され、スイスに本部を置く）が「成長の限界」という考えを発表し、「人口増加や環境汚染などにおいて現状の傾向が続くなら、一〇〇年以内に地球上の成長は限界に達する」と世界に向けて警鐘を鳴らす一〇年以上も前のことであった。

「一〇年」をひと昔の単位にするなら、中野の構想は、世界をリードする知性が集って発せられた提言より「ひと昔」以上も先んじていたのである。

ローマクラブが訴えた「成長の限界」から半世紀が過ぎ、いま世界はコロナ禍に苦しむ。それはまた二一世紀に入ってから経済を軸に、過剰なまでの速度で進んだグローバル化がもたらした災禍の一つかもしれない。

際限のない速度と規模で、地球の隅々にまで及んでいる利益と効率を至上とする経済活動の波は、ローマクラブの警鐘をあざ笑うかのように、二酸化炭素過剰排出、気候変動、異常気象など、地球レベルでの環境変化を引き起こして止まない。

そればかりか各国社会においてはもちろんのこと、国と国との間でも格差を生み出すばかりだ。

世界がコロナ禍に苦しむ現在、富んだ国と貧しい国との間では新しい格差が生まれ始めている。経済力に優れる富める国はいち早く大量のワクチンを押さえる。それとは反対に、貧しい国はワクチン入手が困難となり、国民は一層の危機的状況に置かれ、不安に苛《さいな》まれるばかりだ。

このように地球が、そして人類が直面する未曾有の危機に、いま国連は世界に向かって「持続可能な開発目標（ＳＤＧｓ）」を強く提唱する。

だが中野は、国連の提唱より遥か以前にオイスカを通して地球と調和し、地球に負荷を掛けない持続可能な国際社会の実現に歩み出していた。改めて中野の先見性と実行力に驚くしかない。

たとえば地球環境について、中野は次のように考える。

> 地は森羅万象悉く育てる陰力の大なる力で、実に見事なものである。草花は時が来れば、国々ともに百花爛漫に咲き揃ふのである。草花も時を知らせ、花を揃へ、時が来れば自然に地にかへるものである。又木に於ても勢ひよく繁茂し、山を見ても、地

の有難き事がよく判るのである。地上に小鳥は舞ひ遊び、雲雀は春の空高く高音をはる。これは人の出来る仕業ではなく、この風景を見ても自然の姿に出来てゐるものである。

これに続いて中野は、「芋一つでも野菜一葉でも人の手のひらで出来るものではなく、皆地の働きによつて出来るもの」であり、とどのつまり「日常生活が出来るのも大地のお蔭である」。「地ほど人にとつて恵み深きものはない」と訴える。

宇宙経綸という考えを基本に宗教家として出発した中野は、どのような考えからオイスカを組織し、オイスカによってなにを実現させ、どのような世界を目指したのか――中野の人生を追いながら、中野が心に描いたオイスカの根本理念を考えたいと思う。

中野もまた時代の子であった。

中野は自らの人生を時代と関わりなく生きたわけでも、社会と全くかけ離れて聖人のような生涯を送ったわけでもない。中野は市井に生き、時代との格闘を止めることはなかった。なによりも自らが生きた時代を篤実に歩み続けたのである。

中野は自らの人生への疑問から出発し、煩悶《はんもん》と修業と思索の日々を送り、時代の流れに積極果敢に取り組み、傷つき、模索し、悪戦苦闘し、そして沈思黙考の末に宇宙経綸という独自の考えに思い至ったのである。

宇宙経綸を自らの五体に取り込み、育み、確かめ、そして体系化させ、遥かに遠い過去から日本と世界の遠い将来にまで思いを馳せながら、国境を越えてオイスカという集まりを結び、世界の人々をつないでいった。


始めもなく終わりもなく、ただひたすら正確無比に働き続ける宇宙。無窮である宇宙の仕組みを究め、天空に映し出され、また大地に刻まれた宇宙の姿を我が身に引き寄せ、〈まことのちから〉をつかみ取り、地上の人々の日々の営みに結びつけようとした。これが中野の人生だった。

土と共に生きる。地球に無用な負荷を掛けることも、自然に過重な犠牲を強いることもなく命の糧を育むことで、ヒトとしての命を永遠につなぐことができる。大地にも命がある。大地を耕し、大地の命に向き合うという務めを果たしてこそ、大地はヒトを活かしてくれる。

大地とヒトの間の深い結びつきは、これまで休むことも止むこともなく続けられてきた。大地とヒトを結んできた営みは時代を超えて無窮に成り立つはずであり、また成り立たせなければならない。

大地とヒトの結びつきは、ヒトの不断の努力によってこそ持続可能となるはずだ——このように思い至る。こうして中野は、そのことをいち早く世界に向けて問い掛け、そして説き続けた。

産業とは命の糧を絶えることなく産み出す仕組みであり、文化とはヒトがヒトとして清々しく生きようと努める姿であり形である。産業と文化とが織り成す〈まことのちから〉である芸術に支えられてこそ、ヒトはヒトとしての人生をつなぎ、人生を生き抜くことができる。

地球を包む大空に境はない。大空は果てしのない一つの世界である。同じ大空の下で人々は共に生きる。「宇宙船地球号」の言葉が生まれる遥か以前から、中野はそのことを熱心に訴えていた。

ヒトは地球と共に生きる。ヒトは宇宙と響き合って生きる。だが、だからといってヒトは誰しもが同じではない。ヒトにはヒトの責務があり、働きがある。それを全うしてこそヒトである。だからこそヒトとして自分を大切にし、同時に他を慮《おもんぱか》りながら自らを生きるべきである――これが中野の初心であり、確信ではなかったか。

豊かな者が貧しい者を手助けするのではない。進歩した者が遅れた者を教え導くわけでもない。誰もが等しく命を授けられたのである。命を前にしては、優劣も上下もない。

我欲と過剰は堕落と破滅への道である。知識に偏り科学に頼りきることは、傲慢《ごうまん》と驕慢《きょうまん》を招き寄せるばかりである。そのような振る舞いは、生きとし生けるものが備え持つべき本来の優しさや素朴さを失わせることにつながる。やがてヒトと地球の結びつきは打ち壊され、ヒトと宇宙の関わりは断ち切られてしまうに違いない。

ヒトは地球に育まれ、ヒトと結ばれていてこそヒトである。傲慢と驕慢は卑しさの現れである。驕《おご》りの心を排するところから細やかな直《なお》き心が生まれ、〈まことのちから〉が湧き出て、迸《ほとばし》る。他を思うことは、自らを省みるところから始まる。

なによりも名もなき者が互いをヒトとして認め合い、共に働くことによってヒトとしての喜びが喚《よ》び覚まされ、雄々しく、また慎ましやかに生きることが心豊かで伸びやかで稔り多い人生につながる。

粗であってもいい。野であっても構わない。だが卑であってはならない——こう念じ、実践を続けたのが中野の生涯であった。

ここで、中野にとって宇宙経綸は思索の終着点ではなかったことに思い至る。中野は次の段階を模索した。オイスカの創設である。

オイスカこそ中野にとっては自らの思索を重ねてたどり着いた宇宙経綸を実践し、実証し、明らかにする道であったはずだ。オイスカを跳躍台にして、中野は積極果敢に行動の一歩を踏み出した。オイスカによって広い世界に友を得た。

中野は思索者であり、行動者でもあった。

行動によって思索を確かめ、深められた思索によって新たなる行動へと突き進んだ。中野にとって思索することは行動することであり、行動は思索への新たなる一歩であった。行動によって思索を深め、確かめ、思索によって行動を新たな高い次元へと引き上げていったのである。

やはり中野にとって宇宙経綸とオイスカとは切り離すことのできない一体不離のものであり、長く苦しい思索と実践に裏打ちされた人生そのものであったに違いない。だから宇宙経綸なくしてオイスカなく、オイスカなくして宇宙経綸なし、と言えるのである。

宇宙経綸という母体から生まれたオイスカという嬰児《えいじ》は大地に育まれ、成長を続け、やがて日本列島の枠を乗り越え、国境の向こうに多くの友を求めるようになった。国境の向こうからも、多くの友がやってきた。

宇宙経綸が指し示す豊穣の世界を、地球の隅々にまで広く説き明かし、オイスカによって言葉も風俗習慣も異なる世界各地の人々を結び付け、共に働くことの喜び、美しさ、尊さ、気高さを伝える。

いや、むしろ中野にとって日本は世界そのものであり、世界が日本であったのかもしれない。日本を大きく引き伸ばせば世界になり、世界をギュッと縮めれば日本になった。これが中野にとっての日本であり、そして世界であったはずだ。

中野はオイスカという絵筆を手に、宇宙経綸の姿を、生きとし生けるものの生きる基盤である地球という巨大なキャンバスの上に大きく、雄々しく、しかも活き活きと描き出そうと思いを巡らせた。オイスカとは、中野が振るう雄渾《ゆうこん》な筆が描き出した宇宙経綸の姿でもあるはずだ。

中野の考えは日本の歩みの中で生まれ、鍛えられ、紡ぎ上げられていった。

中野を突き動かしたものは、自らの拠り所である日本に対する確固とした信念であり、自らがその一員である日本人に寄せる深い洞察と篤い信頼ではなかったか。

であればこそ、中野の物語を日本の歩みから切り離したままに説くわけにはいかないだろう。なぜなら中野は日本人であり、なによりも明治、大正、昭和という三代にわたる激動の時代を確固たる信念を胸に生き抜いた一人の日本人であったのだから。

中野の人生は一八八七（明治二〇）年八月の静岡県焼津に始まり、一九七四（昭和四九）年六月に閉じられた。八七年の生涯である。

この間、日本は日清戦争を皮切りに、日露戦争、第一次世界大戦を戦い勝利した。やがて大正デモクラシーの時代を経てさらなる戦争の時代に突き進む。もはや日本も世界の動きと積極的に関わらない限り、自らの生存が危うい時代へと突入していったのである。

満州事変、上海事変、そして盧溝橋《ろこうきょう》事件を経て、戦線は中国大陸全体に拡大される。一方、太平洋を戦場にアメリカとの間で激戦を繰り返すこととなった。自らが生き残る道を求めて、日本は国を挙げて絶対必死の日々を歩んだ。大東亜戦争である。

一九四五（昭和二〇）年八月一五日、日本は敗北した。

敗残の国土に中国大陸、太平洋や南太平洋の島々、東南アジア各地、さらには満洲から多くの兵士と国民が無残な姿で引き揚げてきた。もちろん、酷寒のシベリアの原野に空しく果てた同胞も少なくはない。

祖国は有史以来の混乱の中にあった。誰もが明日をも知れぬ日々を懸命に生きた。そんな混乱のさなかにあった一九四九（昭和二四）年四月四日、長い思索の果てにたどり着いた宇宙経綸を基に、中野は静岡県清水の玉ノ井に三五教《あななない》を開いた。

日本の各地に戦争の惨禍が残り、日本人の誰もが満足にモノを食べられなかった。貧しいからこそモノの大切さを弁《わきま》え、戦争の惨禍を潜り抜けてきたからこそ命の尊さを知っていた時代である。日本人は力を合わせ、自らの運命を切り開こうとしていた。

ならば、その道の先頭に立つべきだ。自らが人生を賭けた学問によって導かれた〈まことのちから〉が中野を突き動かした。中野、六二歳の春である。

おそらく中野の前途を寿《ことほ》ぎ、清水は満開の桜に彩られていたことであろう。

やがて日本は経済を軸に動き始める。

一九五五（昭和三〇）年に経済は戦前水準に復し、翌一九五六年度の『経済白書』は「もはや戦後ではない」と宣言する。一九五五年を起点にして一九七三年まで、日本は実質経済成長率年平均一〇%を超える高度経済成長期を疾駆し謳歌《おうか》したのである。

一九五五年には保守政党が合同し自民党が結党され、左右両派に分かれていた社会党が統一され、戦後の日本の針路を大きく規定することになる保革二大政党による「五五年体制」が発足している。高度経済成長の始まりと五五年体制の発足は、決して偶然の一致ではないだろう。日本は大きく変わろうとしていた。

高度経済成長期の真っただ中にあった一九六〇（昭和三五）年、七三歳になった中野は「平和への協調と理解」を目指し「精神文化国際会議」の開催を世界に向かって呼び掛けた。この年、日本は政治的に大きな節目を迎えた。安保闘争である。やがて国論は二分され、社会は大きく揺れ動いた。

その余韻が残る中、日本の経済は順調な成長を遂げ、やがて一九六四年には悲願の東京オリンピックを開催し、日本は戦争の焼け跡から見事に立ち直ったことを世界に雄々しくアピールした。日本は蘇ったのだ、と。

東京オリンピックを前に日本中が活気に満ちあふれていた一九六一年、内外からの熱い支持を受けてオイスカを発足させる。中野、七四歳の新たなる旅立ちである。

やがて一九七〇年には大阪万博が開かれ、日本経済は絶頂期を満喫していた。だが、そこに驕りの心は芽生えてはいなかっただろうか。日本は格差、環境破壊、交通事故、家庭崩壊、富の飽くなき追求、私権の際限なき拡大などに苦しみ始めた。

経済の「成長」には負の部分が秘められ、科学技術の「進歩」は思いもかけない災禍をヒトと地球にもたらすことを思い知らされるのであった。

「成長」と「進歩」とが必ずしも明るい未来を導くものではなく、現に地球に生きる我われ世代を超え、後世に深刻極まりない難問を残してしまう。

無自覚・無定見な「成長」と「進歩」とは、地球にとっては禍根となる——中野は「心」を考えない効率偏重の「成長」と「進歩」を「体的」と表現し、「体的」な振る舞いが社会に広まることを強く危惧していた。

「体的」な考えが助長され欲望が野放図に拡大するなら、人類に与えられた豊かな自然環境や資源は必ずや枯渇し、生命にとっての母なる地球は荒廃に向かい、やがて人類の生存も「回帰不能点《ポイント・オブ・ノーリターン》」を越えてしまう。

だから「体的」ではない「成長」と「進歩」を求めるべきだ。そうしてこそ人類は地球を守ることができるし、地球と共に生き、自然と調和した持続可能な世界を作り出すことができる――こう、中野は確信していた。国際社会で「持続可能な開発目標（ＳＤＧｓ）」が論議される遥か以前のことである。

大阪万博から二年が過ぎた一九七二年、長くアメリカの施政権下に置かれていた沖縄が本土に復帰する。同じ年、ローマクラブは「成長の限界」という考えを発表し、再現のない成長がもたらす問題点の数々を指摘した。

だが、振り返って見ればローマクラブの人類全体に対する警句は、宇宙経綸という初一念から歩み出し、やがてオイスカに至った中野が、世界に向って強く訴え続けていた思い――「体的」な「成長」と「進歩」には危険が潜む――と同じではなかっただろうか。中野の思いに、世界の知性がやっと気づくようになったというべきだろう。

一九七四（昭和四九）年、中野は人生の幕を下ろす。その瞬間まで、中野は初心に生きた。常に無垢な心を忘れることはなかった。中野は歩み続けたのである――。

中野とオイスカの関係を考えていた時、近代俳句の祖といわれる正岡子規から受けた指導をキッカケに生涯を俳句の可能性に奉げた河東《かわひがし》碧悟桐《へきごとう》の『支那に遊びて』（大阪屋號書

店　大正八年）の一節を思い出した。

それは河東が揚子江下流域の水郷を船で旅していた時のことである。下っ端の船頭が食事の支度を始める。「真黒な米みたいなもの」を、「手もとの脂ぎつた水につける、二三度掻き廻して、それを火にかける、矢張り同じ川水で水加減する、その無雑作な平気な、〔中略〕無自覚な無知識な動作」を目にし、河東は「息苦しく胸の詰まる思ひに堪へられなくなつてしまつた」。そこから一転して、当時の日本で流行していた〝貧しく、どうしようもない支那〟を友邦である日本が善導すべきだという議論に思い至った。そして、「友邦の補導といふことも、押し詰めて行けば、政治や経済の当面の問題ではなく、やがてその民衆の体質にも生活にも及んで来る、そこまで徹底しなければ、総てが皮相の解決に了つてしまう、先ず水といふ観念を与へるだけでも、友邦補導の上の大事業でなければならない」と結んでいる。

思うに中野がオイスカを組織した原点は、ここに示した河東の考えに近かったようにも思える。オイスカによって、世界の人々に「先ず水という観念を与え」ようとしたのではなかったか。

ある〝発展途上〟の貧しい国や社会に対した時、豊かな先進国が施す援助という営みは、「押し詰めて行けば、政治や経済の当面の問題ではなく、やがてその民衆の体質にも生活にも及んで来る」はずだ。また「そこまで徹底しなければ、総てが皮相の解決に了《おわ》つてしまう」ことは間違いない。別の見方をするなら、「そこまで徹底しない」援助は、やがて援助する側の自己満足に終始してしまうことになりかねない。

「先ず水という観念を与えるだけでも、友邦補導の上の大事業でなければならない」とは、つまり「政治や経済の当面の問題」を遥かに超え、さらにその「民衆の体質」や「生活」にまで思いを及ぼさなければならない、ということだろう。

だからこそ中野は、オイスカを通して「その民衆の体質にも生活にも及んで来る」ようななにかを託そうとしたのではなかったか。

たとえて言うなら「真黒な米みたいなもの」を米と思い込み、「脂ぎつた水」を水として生きてきた人々に〈本当の米〉〈本当の水〉を示し、彼らが自らの意志と力で〈本当の米〉〈本当の水〉を手にする道を求めるように共に歩もうとする志である。

『続日本紀宣命第三十八詔』に「いや務めにいや結《シマリ》にあななひ奉り」と記されているように、「あなない」は「阿奈奈比」と記し、「あしがかり」「あしば」、そして「助ける」「ささえる」ことを意味する古語でもある。

中野の人生は人々に語り掛けることでもあった。

講話は時と場所を選ばず行われた。中野は、その場の雰囲気に応じて即興で説き、自らの考えを広めた。即興であるゆえに中野の考えは、その場にあってこそ活き活きと伝わる。その時々の肉声が残されているのなら、それらを集めて中野の人生をありのままに再構成できたのではなかったかと思う。

だが惜しいことに、それらは残されていない。肉声による講話が伝える中野の神髄に心を静め、耳を傾けることはできない。

中野は、多忙な日々においても膨大な書き物を残した。口述筆記もあれば、推敲を重ねた見解もある。新聞への寄稿、雑誌での対談なども残されている。

本書の執筆に当たっては、中野の著述を柱に、中野家関連文書、関係者へのインタビュし、焼津、清水、掛川など所縁の地での現地調査を基本とした。
なお中野の著述、及び拙稿執筆に際しての参考文献は巻末に付しておいた。

令和三年一二月八日

目　次

第二章　清水……67

第四章　世界……161

第五章　宇宙……201

〔凡例〕
一　年号は西暦に統一し、必要に応じて元号はカッコで示した。
二　引用文について
・旧漢字は常用漢字表の字体に改めた。
・仮名遣いは原文のままとした。
・片仮名の文章は平仮名に改めた。
・中野の文章は読みやすいよう適宜改行した。

第一章　焼津

濃い緑に包まれた現在の焼津神社本殿
（著者撮影）

中野與之助は、一八八七（明治二〇）年八月一二日（旧暦六月二三日）に静岡県東益津郡焼津村大字上川原二三番地（後に焼津市焼津三五七番地）に、中野金蔵、はつの長男として生まれた。はつは静岡県志太郡大富村大住の石田清助の妹に当たる。

與之助と命名したのは曹洞宗の保福山貞善院の隠居和尚であった。後年、中野は「和尚は『お前は天下に抜きんで出て、今に太閤さんのように偉くなる』と言つて、この上もなく可愛がつてくれた」と回想する。

貞善院は一五三五（天文四）年に通山芳釈師が開山した。本尊は十一面観世音菩薩である。

中野の生家は焼津神社に近い農家（自作田・七反五畝と小作田・四反）であり、代々焼津神社祭役を務めている。

ところで祭役とは焼津神社の正式な役職ではなく、おそらく氏子の中から選ばれて、先達として祭礼の進行を差配したものだろう。

一帯の当時の農業事情を見ると、水田化率も米の作付比も共に高い。米を中心として糯《もち》米《ごめ》、大小麦、蕎麦《そば》、甘藷《かんしょ》が生産されていたようだが、棉《わた》作も一定程度は行われていた。ここから、中野の実家も米作を主力に生計を立てていたと思われる。

一帯で行われていた棉作は明治の前半には衰退化に向かい、一八九七（明治三〇）年前後から凋落《ちょうらく》していった。

■「明治二〇年生まれ」が背負った使命

ここで中野の人生を考える上で手助けになると思えるのが、中野と同じ一八八七（明治二〇）年に生まれた人々の人生の姿である。そのなかから、日本史の教科書に登場するような著名人を誕生日の早い順番に次ページの表に挙げてみた。

――これらの人々と、中野は同じ時代を生きたのである。

折口から東久邇宮《ひがしくにのみや》王までが昭和二〇年八月一五日の敗戦に、そして敗戦後の日本の進路に様々な形で関わっていたことは、はたして偶然だろうか。

いや、そうではないだろう。歴史の悪戯《いたずら》などではなく、そうなすべく人生を歩むよう運命づけられて生まれ来た。それが「明治二〇年生まれ」だったに違いない。

阿南、南雲、牛島、本間――軍人たちは自らの命を差し出し、敗戦の責を負った。重光は、東京湾に浮かんだ戦艦ミズーリ号の艦上で戦勝国の軍人に囲まれ、屈辱を噛み締めながら降伏文書に署名し、戦争に終止符を打つという大役を果たした。

著名な明治20年生まれの人たち

氏名	誕生日	概要
折口信夫	2月11日	民俗学者、国語学者。日本民族の神霊信仰に日本文化の起源を求めた
阿南惟幾	2月21日	陸軍大将。1945年4月に陸軍大臣に就任。本土決戦を主張し、8月15日に割腹自殺
中山晋平	3月22日	作曲家。作品に「シャボン玉」「テルテル坊主」「雨降りお月さん」などの童謡、「波浮の港」「船頭小唄」「東京行進曲」などの歌謡曲、「須坂小唄」「天竜下れば」などの新民謡がある
南雲忠一	3月25日	海軍大将。ハワイ真珠湾攻撃、ミッドウエー海戦の指揮官。サイパン戦で自刃
小原国芳	4月8日	教育学者。児童による自発的な学びを目指す「新教育」を提唱。玉川学園を創立
松本治一郎	6月18日	政治家、実業家。「部落解放の父」と呼ばれる
山本有三	7月27日	小説家、政治家。小説の代表作は『路傍の石』『真実一路』など
片山哲	7月28日	第46代総理大臣（1947～8年）。社会党党首として日本最初の政権を担当
重光葵	7月29日	外交官、政治家。戦時中に外務大臣、敗戦後は東久邇宮内閣で外務大臣を務め、全権大使として敗戦処理に当たる
牛島満	7月31日	陸軍大将。1945年6月、沖縄戦を指揮し自刃
荒畑寒村	8月14日	労働運動家。日本における「社会主義運動の良心」と呼ばれ、戦後社会主義・労働運動に大きな影響を与えた
蔣介石	10月31日	中華民国の指導者として対日戦争を指揮
星島二郎	11月6日	第47代衆議院議長（1958年6月～12月）。戦中・戦後を通じリベラルな保守派政治家の代表格
芦田均	11月15日	第47代総理大臣（1948年3月～10月）。衆議院憲法改正特別委員長として現行憲法第九条が現在の形になる過程で深く関与した
本間雅晴	11月27日	陸軍中将。太平洋戦争においてフィリピン攻略戦を指揮。戦後、部下の責任を負い銃殺刑
東久邇宮稔彦王	12月3日	第43代総理大臣（1945年8月～10月）。日本史上、皇族出身の唯一の内閣首班。54日という超短期の在職ながら、「国体護持」と「一億総懺悔」を基本方針に敗戦処理に当たる一方、戦後復興に努めた

東久邇宮は首相として敗戦処理を任された。片山、芦田は占領下の首相として混乱期を指導した。ことに芦田は現行憲法制定に大きな役割を果たしている。

折口は民俗学者の立場から日本の原風景を求めた。中山は日本人の情緒を五線譜に書き留めた。山本は生真面目に生きる日本人の姿を原稿用紙のマス目に書きつないだ。小原は新しい時代の子どものための教育を実践した。

松本と荒畑は戦前社会の理不尽さを改めようと社会運動に邁進《まいしん》した。星島は政治家として戦後保守政治の柱を務めた。

もちろん蔣介石は中国の指導者であり日本社会を牽引《けんいん》したわけではないが、日中戦争から戦後の日本の針路に大きく関わったことを考えれば、やはり忘れてはならない人物だ。ちなみに蔣介石は中野より一年遅い一九七五年に亡くなっている。

折口から蔣介石を含め東久邇宮までの「明治二〇年生まれ」が歩んだ波乱万丈の人生を改めて振り返るなら、不思議といえば不思議だ。だが、その不思議さの中に、中野の人生を考える上で大きなヒントが隠されているようにも思える。

なにが、彼らの人生を支えたのか。取り組む姿は違ってはいるものの、誰もが日本の運命に大きく関わっていた。本来の日本が持つ〈まことのちから〉を念じながら生き抜いた

――あえてこう言っておきたい。

あるいは中野は、同じく明治二〇年に生まれた人々の人生を注視しながら、自らの人生を黙々と歩んだ。中野は、自らの思索と行動によってたどり着いた日本を世界に示し、現実の世界に働きかけることで理想の世界を目指した。

それが明治二〇年生まれとしての中野の〝自負と責務〟ではなかったか。

■中野の人生と日本の針路

ここで日本の針路を左右するような大事件が（左表参照）起こった時の中野の年齢を確認しておくことも、中野の人生を考える上で参考になるだろう。

中野の世代の人生を振り返ってみると、まず気づかされるのが驚くほどの数の対外戦争を経験しているということ。いわば、中野は日本人のなかでも最も多く戦争――ということは戦前・戦中・戦後というサイクル――を何回も体験した稀有《けう》な世代の一人ということになる。

――このように振り返ってみると、最初の日清戦争は子どもの時代であり、ましてや戦場は遠い朝鮮半島や遼東半島だった。だから戦争という現実を実感したかどうかは分らない。だが、それでも近在で出征する兵士を送り出す人々の姿を目にしただろうから、子ども心に戦争の記憶は深く刻まれたはずだ。

以後、日露戦争から太平洋戦争まで、中野の世代の日本人にとって戦争が日常で、平穏無事な日々が非日常ではなかったか。

中野の世代が送った戦争から戦争への人生は、一九四五年八月一五日（五九歳）で終わりを告げる。

この日を境にして日本はアメリカの庇護の下で「平和国家」への道を歩み始めた。そして中野が還暦を迎えた年、マッカーサー将軍率いる連合軍の下で統治され、日本は新しい船出をすることになる。

	勃発年	和暦	年齢
日清戦争	1894	明治 27	8
日露戦争	1904	〃 37	18
第一次世界大戦	1914	大正 3	28
シベリア出兵	1918	〃 7	32
満洲事変	1931	昭和 6	45
上海事変	1932	〃 7	46
盧溝橋事件（＝支那事変）	1937	〃 12	51
第二次世界大戦	1941	〃 16	55

このように時代を追ってみると、どうやら中野の人生は日本という国の節目の年と重なってくる。偶然の一致だろうか。いや偶然の一致というのではなく、あるいはすでに定められていた運命だったのかもしれない。そうでなければ、折口から東久邇宮までの生年が

同じであろうはずもない。

中野の人生が日本の新たな出発と重なり、新しい方向へ動き出す。

やがて日本人は「ジャパン・アズ・ナンバーワン」などと持ち上げられ、知らず知らずのうちに「世界第二位の経済大国」の〝栄誉〟に酔い痴《し》れていた。その先に待っていたのが一九九〇年代初頭のバブル崩壊だろう。

その時以来、日本は「失われた一〇年」「失われた二〇年」「失われた……」と自嘲《じちょう》気味に時を送っている。「世界第二位の経済大国」の〝残り火〟をささやかに抱きながら、失われてしまった自信の回復に四苦八苦するばかりだ。

その後、「三・一一（東日本大震災）」をはじめとして、日本各地は度重なる自然災害に襲われ、その先に待っていたのが二〇一九年末から続くコロナ禍ではなかったか。

輝かしく華々しい戦勝の果ての惨苦と屈辱極まりない敗戦――戦争の経験からなにかを学んだはずだが、なにかを学ばなかった。いや、学ぼうとはしなかったのである。なにかを得たはずだが、なにかを失ってしまっていた。

やや酷な言い方だが、自らを真に省みることなく過ぎてしまったのではなかったか。

もちろん一九七四（昭和四九）年に八八年の人生を閉じた中野は、自信を喪失し、浮足立つがままの平成から令和の時代の日本を知らない。だが、日本の将来を見通し、危惧していたからこそ自らの人生を、いや日本の将来をオイスカに託したに違いない。

■「筑紫の国」より焼津への長い旅路

中野家がいつ頃から焼津に住むようになったのか。もちろん定かではないが、ルーツは九州の筑紫だったらしい。

中野は中野家の由来について、「神眼で霊系を見て」と題した文章で、次のように記している。

私の祖先は九州の筑紫の国より、愛知県知多半島に上陸し、同県の幸田に足を留ること六、七百年。それより伊豆の河津に六百年居住し、河津より焼津にきて現在迄約六百年位になるのであります。是等は皆口伝により伝えられたものである。

体的調査によつて判明せし一例を申上げますならば幸田の三つの部落内に、現在中野の姓を名乗る者が六十軒位の所と、四十軒位の所と、三十五軒位の所とありて真に古き系統であることを唱えている。また伊豆の河津に於ても大字、小字共に四十軒乃至二十八軒あり。焼津に於ては百三十有余軒ある。

今日まで一般に語り継がれていることと、霊界の祖霊との語りと合致しており、これは現界に於て知識、理窟で考えても当てはまるものではないが、霊界を眺めて見てこれは確実と信じておるものであります。


中野の「神眼」によれば、「九州の筑紫の国」を故郷とする中野家は、いつの時代かは不明だが海路で愛知県知多半島に渡った後、幸田に移ったことになっている。幸田は、現在の西尾市と蒲郡市に挟まれた額田郡を構成する唯一の自治体である幸田町に当たるだろう。

その後、桜で有名な静岡県の河津を経て、最終的に焼津に定住したことになる。筑紫の国から焼津まで。千数百年をかけた長い長い旅路であった。

ここまでは「皆口伝」であり、確たる根拠はなさそうだ。

だが中野の「体的調査」によれば、幸田にも河津にも中野を名乗る家系が認められる。そこから、「九州の筑紫の国」をルーツとする中野家は、船で渡った愛知県の知多半島から幸田を経て静岡県河津へと移動を重ね、最終的に焼津に落ち着いたと――中野は「神眼」

で見通したという。

なお、ここに示される「体的調査」に示された「体的」の二文字は、中野の思想を解く上で重要なキーワードであり、これからもしばしば登場してくる言葉だが、いまは「書き残された記録類から判断して」、といった程度の理解に止めておきたい。

■高草山普門寺

焼津における中野家の宗旨は神奈川県藤沢の遊行寺を本山とする時宗で、焼津の高草山普門寺を檀那寺とする。

普門寺が山号に冠している高草山は焼津市の平野部の北方に聳《そび》え、焼津漁港から望むことができる。焼津市内には高草山の山号を冠した寺は普門寺のほかに、林叟院（曹洞宗）、法華寺（天台宗）がある。

『焼津市史　通史編　上巻』は高草山を「まことに当市の盟主に相応しい偉容を示す」と表現しているが、それほどまでに焼津の象徴として扱われている。そこで、焼津を象徴する高草山にあやかろうと、宗旨は違えども三寺院は共に高草山の山号を冠しているのだろう。

中野家の檀那寺である高草山普門寺は阿弥陀如来を本尊とし、覚阿によって一三二四（正中元）年に創立され、「清浄寺末」と記されている。遊行寺は時宗遊行派の総本山で、藤沢山無量光院清浄寺が正式名であるところから、普門寺が遊行寺の末寺であることが分かる。

「焼津市寺院一覧」（『焼津市史　通史編　上巻』）には、「（普門寺は）元、天台宗で平安時代末期の創立と伝える。壮麗な七堂伽藍があったが、一五七〇（元亀元）年武田軍の兵火に遭い焼失したという。勅願祈禱寺で宝暦以降の綸旨三通を所蔵する」と記されている。

また同書の別の個所（第二節　寺院）には、「武士が政権を獲得し、鎌倉新仏教が現われ普及していくと、天台宗・真言宗の優勢は崩れていく。当市内では、〔中略〕天台宗の普門寺（焼津六丁目）が一三二四年（正中元）に、遊行寺の上人の勧化により時宗に改宗した」とも見える。

どうやら普門寺は天台宗寺院として出発し、後に時宗に改宗した。

なお、時宗は焼津市内に普門寺のほかに海蔵寺、阿弥陀寺（普門寺末寺）があり、さらに廃寺とされている延命寺、西入寺も共に普門寺の末寺であるところからして、普門寺は歴史も古く、焼津における時宗の中心だったと思われる。

■焼津神社

幼少期の中野がどのような環境で育ったかを知りたいと思い、焼津を訪ねたことがある。二〇一八（平成二九）年の節分の頃だった。もちろん、中野が生まれ育った当時の佇《たたず》まいが残っているわけではない。だが少なくとも地理感覚・自然環境——中野の説く「地文《ちもん》」——だけでも体感しておきたかったからだ。

ところが、思いもよらない収穫があった。焼津神社であり、中野家の檀那寺の普門寺であり、幼い中野を慈しんだ隠居和尚が住んでいた貞善院である。

なお「地文」は「天文」と共に中野の考えを構成する重要な柱であり、正確には言い表すことは容易ではないが、とりあえず「その土地の持つ雰囲気、佇まい」といった程度に理解しておいてもらいたい。

中野の生家があったと思われる場所を背に立つと、左手の五、六〇メートルほど先に焼津神社の鬱蒼《うっそう》たる木々を目にすることができる。焼津神社に向かって歩き、「いちょう通り」を横切って進むと社務所の前に出る。

おそらく生家を飛び出したら、幼児の足でも三、四分とかからなかっただろう。焼津神社境内は中野にとっては格好の遊び場だったに違いない。

生家跡とされる場所に立ち、焼津神社を左手にして視線を右斜め前方に転ずると、手前に貞善院が、その先に普門寺が位置し、その先が焼津中港に当たる。

中野が生まれた当時、辺り一面は農地だっただろうから、焼津神社の境内に聳え立つ木々はもちろんのこと、貞善院や普門寺の大屋根を目にすることができたはずだ。あるいは貞善院や普門寺の方向から吹く潮風が、時に心地よく幼い中野の頬を伝ったかもしれない。

美しい海岸で知られる和田の浜も、そう遠くはない。子どもの足では遠いとは思うが、北の方角には美しい浜当目《はまとうめ》もある。

焼津神社も、貞善院も、普門寺も、そして焼津港も、幼い中野であれ、一日の生活圏に含まれたはずだ。あるいは焼津港や普門寺まではムリだとしても、生家辺りに立って大声で呼べば、焼津神社や貞善院で遊んでいた中野の耳に届いたことだろう。

人間を環境の動物であると見なすなら、幼い日々に慣れ親しんだ環境は、後の中野の人間形成に少なからぬ影響を与えたと思われる。

後に語ることになるが、貞善院や普門寺は病弱だった母の人生につながるだけに、辛《つら》い思い出しかなかったに違いない。だが焼津神社はそうではなかったはずだ。

焼津神社社務所発行の「焼津神社略記」は、焼津神社の由来を次のように記す。

当社は記紀所載の如く、第十二代景行天皇四十年七月、日本武尊が弟橘姫を伴い、吉備武彦、大伴武日連の武将を従え、七束脛を膳夫として東夷御征伐の砌、此地で野火の難に逢われた際、天叢雲の剣で草を薙ぎ、向火を放って、悉く賊徒を討滅されたという御事績を伝える御社で、延喜式神明帳登載の駿河国益津郡焼津神社は、即ち当社である。駿河国諸郡神階帳によれば、神階正四位下に叙せられ、入江大明神とも称えられて諸民衆から崇敬されてきた。

幼少期の中野が日々遊びたわむれたであろう焼津神社は、また日本創世神話を彩る神々——本殿の日本武尊《やまとたけるのみこと》、相殿の吉備武彦命《きびたけひこのみこと》、大伴武日連命《おおとものたけむらじのみこと》、七束脛命《ななつかはぎのみこと》それに弟橘姫《おとたちばなひめ》——の猛々しくも哀しい物語を秘めている。

■**焼津神社の神々**

焼津神社の神域で、幼い中野が心に描いたに違いない古代の神々の荒ぶる姿が、後年の中野の人生に影響を与えたであろうことは十分に想像できる。また、そう想像することで、中野が生涯を懸けて果たそうとした畢生《ひっせい》の大事業の背景がストンと腑に落ちてくるようでもある。

『焼津市史　通史編　上巻』の「焼津市神社一覧」では、焼津神社は唯一の「旧県社」として筆頭に掲げられている。「特殊神事」として「大漁祈願の『のぼり祭り』、御神楽祭、御御子の神役、特殊神饌、神輿渡御など」が注記されている。

これらの「特殊神事」が醸し出す豪壮で華やかで煌《きら》びやかな雰囲気に、幼少期の中野が心躍らせたであろうことは想像に難くない。であればこそ、これらの「特殊神事」が、後年の中野に様々な影響を残しているのではなかろうか。

後年、中野は三五教の祭事において、威勢よく練り歩く神輿《みこし》の行列をことのほか愉《たの》しんだとのことだが、あるいは幼い日の焼津神社の祭りの賑わいを思い出していたのかもしれない。

焼津神社の鳥居をくぐり鬱蒼とした濃い緑の大木を背にした本殿に向かって進むと、参道を挟んで左手に神武天皇の、右手に日本武尊の、それぞれの立像が二メートルほどの高さの石造りの台座の上に立っている。

ブロンズの神武天皇像が左手にした弓の先端では、神武東征の際、熊野から大和への道案内をすべく高皇産霊尊《たかみむすひのみこと》によって神武天皇のもとに遣わされた八咫烏《やたのからす》が大きく羽根を拡げ、いまにも飛び立とうとしている。

一方、石造りの日本武尊像は左手で草薙剣の柄を握り、大地を押さえるようにして傲然《ごうぜん》と身構える。

神武天皇像は左上方に目線を遣り、日本武尊像は真正面を見据えながら、参道を挟んで立つ。そこには、日本創世の物語を感じさせる玄妙な空気が漂っていた。

神武天皇像の隣の小さな祠《ほこら》の屋根の下には、「由緒」と題する文章が記された木製の額が掛けられている。風雪に晒されたらしく毛筆の跡は所々薄いが、次のように読める。

由　緒

第二次世界大戦（大東亜戦争）当時のことである
この焼津の町の鰹漁船の殆どは洋上監視のために軍に
徴用され鰹漁は途絶え加工業者の業務も不能となつた
当時郷土愛に燃える焼津の人達は皇道産業焼津践団

を設立し第二の生産郷焼津を南方圏に建設すべく徴用されなかつた老朽船を集めて船団をつくり　遠くフィリピン。ボルネオ。セレベス。に進出した。

そしてあらゆる困難と戦い漁場を開拓加工場を建設した。その業なかばにして米軍の潮のごとき反撃に鰹を獲り鰹節を造る手を銃にかえて戦つたが我に利あらず。

南方焼津村建設を夢に描きつゝ南海の涯に壮烈な戦死をとげた。

我等が偉大なる産業戦士こゝに祀る。

■「南海開発團の歌」

軒下の右に掛けられた「由緒」に対するかのように、左側には「由緒」と同じように板地に毛筆で書かれた「南海開発團の歌」と題する額が掛っていた。

南海開発團の歌

海を拓きに　はるぐ〵と
あの日船出の　駿河湾
固い誓ひを　忘れづに
みんな仲よく　精出して
大日本の　名を揚げよ

朝な夕なの　富士の山
いつも遠くで　見ているぞ
故郷焼津の　産土神の
苦難しのんで　今日もまた
働きぬこう　勝ち抜こう

熱と生命を　打ち込めば
山も魔海も　たちまちに

変る楽園　大漁場
力あわせて　この土地に
創れ築けよ　焼津島

想像するに「由緒」は「南方焼津村建設を夢に描」きながらも、現地召集を受けた末に「南海の涯に壮烈な戦死をとげ」ざるをえなかった「我等が偉大なる産業戦士」を悼み、「皇道産業焼津践団」の姿を後世に伝えようとしたものだろう。であるとするなら彼らの夢は、「南海開発團の歌」が高らかに謳いあげているはずだ。

焼津神社によれば、敗戦から数年して「皇道産業焼津践団」を解散するに当たり、「我等が偉大なる産業戦士」の御霊を「故郷焼津の産土神」である焼津神社境内に祀《まつ》ったとのことである。

はたして「皇道産業焼津践団」は「焼津島」の三文字に、どのような理想郷を描いていたのだろうか。

「焼津島」の「焼」を「秋」に替えれば、日本列島の古代の呼び名である「秋津島」となる。「焼津」の裏側から浮き上がってくるような「秋津」の二文字。そこに「南方圏」の島々を広大な舞台に見立て、焼津の人々が描き出そうとした壮大な夢物語——南洋に第二の日本を、理想郷を建設しよう——の残像を見たような思いがした。

神武天皇像と日本武尊像、「由緒」と「南海開発團の歌」の二枚の額で包まれた空間から、遠い古代の国産みと、昭和前期に海外に築こうとした新天地——二つの国産みの物語が混然と一体化したような霊妙な雰囲気が感じられた。

もちろん思う存分に遊び回っていただろう中野の幼少期、そこに神武天皇像も日本武尊像も立ってはいるはずもない。「皇道産業焼津践団」に中野が関係していたという記録は見当たらない。

だが焼津神社の境内に立った時、やはり中野の人生に焼津神社が与えた有形無形の影響を感じないわけにはいかなかった。

日本創世の物語で忘れてはならない神が、出雲で八岐《やまたの》大蛇《おろち》を退治しながら高天原から追放された荒ぶる神である素盞鳴命《すさのおうのみこと》だろう。中野は「素盞鳴大神」を祭神とする天王様を産土神とする。

焼津で素盞鳴命、あるいは須左之男命を祭神とする神社を拾ってみると、稲荷神社（中新田）、須賀神社（野秋）、八坂神社（越後島）、八坂神社（大覚寺）、八坂神社（柳新屋）、三輪津島神社（三和）、津島神社（中根新田）がある。

中野は産土社である「天王様」を「焼津市の中央にあり」と記している。おそらく焼津神社の飛び地にある須賀神社を指していると考えられる。

産土様が素盞嗚命で、氏神様が日本武尊——中野の原点は、ここにあるように思う。

■母親の不幸

三歳の年（一八八九＝明治二二年）、中野は人生最初の試練を迎えた。当時を中野は次のように回想している。

母親が老症（結核）なるため兄弟にいみきらわれて、上川原二十三番地より別家して同村貞善院隣に住みそのため入籍が遅れる。戸籍面の生年月日は（弟）兼蔵が生まれて入籍届をなす時、私の入籍届がしてなきために、明治二十二年五月二十七日三才の時に届出をなす。同時に弟兼蔵は與右衛門の四男として入籍す。

当時は不治の病と恐れられていた結核に罹《かか》ったことで、母親のはつは夫である金蔵の兄弟に嫌われたことから家を出て、貞善院の隣に移り住んだと思われる。

当時、戸籍届は厳格ではなかっただろうし、中野が戸籍の上では宙ぶらりんのまま、弟と一緒に戸籍届がなされたとしても別に怪しむほどのことはないだろう。

金蔵は、はつとの間にきん、中野、兼蔵の二男一女を、はつ亡き後に結婚した後添えのもととの間に與作、栄太郎、すまの二男一女を儲けた。兼蔵を四男として入籍させた與右衛門は金蔵の父親である。

祖父の與右衛門が孫の兼蔵を養子として迎えたわけだから、中野にとって実弟の兼蔵は戸籍上は叔父さんとなり、金蔵もまた我が子の兼蔵を戸籍上の弟としたことになる。なお與右衛門は、大覚寺村の山田家より焼津の中野家に婿養子として入籍している。

名付け親である曹洞宗貞善院の隠居和尚は、おそらく祖父の與右衛門に因んで、中野を與之助と名付けたのであろう。

ところで前掲の「焼津市寺院一覧」の「(一)現在ある寺院」で宗派別の寺院数を見ると、曹洞宗(四三寺院)、天台宗(一寺院)、真言宗(二寺院)、浄土宗(五寺院)、臨済宗(一寺院)、時宗(三寺院)、日蓮宗(三寺院)。「(二)廃寺」では曹洞宗(三一寺院)、浄土宗(三寺院)、真言宗(二寺院)、時宗(二寺院)——となり、曹洞宗の影響力が他を圧倒していたことが分かる。

■人生最初の試練

五歳の時というから一八九一（明治二四）年になるが、中野は貞善院隣の住まいから元の上川原の家に戻っている。隠居和尚の口添えだったようだが、この時、母親のはつも一緒だったのかどうかは不明だ。

それから二年ほどが過ぎた七歳頃を振り返り、「遊んで帰つてきても家の敷居をまたいだ時、家の者から叱られるか叱られぬか判つていた」と記している。自らが回想するように、「幼い頃より一種の霊感ももつて居つた」ということか。

日清戦争が勃発した一八九四（明治二七）年、八歳の中野は人生の転機を迎える。四月に焼津北小学校に入学し、一一月に母親のはつが亡くなり、継母のもとを迎えている。

小学校への入学の経緯を、中野は「戸籍面は就学年に達せざるも特別な計らいにより入学」と記している。中野の生まれは一八八七年で、戸籍を届けたのは一八八九年。つまり実際は八歳で、戸籍上は五歳。「戸籍面は就学年に達せざるも」とは、実年齢に基づいて入学が許された、のであろう。

母親の死に伴う悲しい思い出を、こう綴っている。

十一月十一日母が死亡し、その時村から一銭の香奠をもらつた。葬儀の翌日村の習慣によつて、村内の孫婆さんの妹の亭主になる中野作衛門さんに手を引かれて村中を廻った。その時村中の人が不憫だといつて協議し、それから以後香奠の御礼廻りは中止になつた。

これによれば、中野は親族のうちの然るべき大人（中野の場合は、祖父である與右衛門の妹の亭主中野作衛門）に引導され村内を「香奠の御礼廻り」に歩いたことになる。

この時、戸主である金蔵は存命であるから、当時の習慣として村内への「香奠の御礼廻り」は死者の長男の務めだったのか。

やがて迎えた継母のもととの日々は、やはり穏やかなものではなかった。

八才の時継母が来た。その時縁付いて居つた叔母（前田との）が私を抱いて教えたり戒めたりして「太閤さんは子供の時乞食になつて泥棒に拾われたけれども出世して天下を取つた。お前も太閤さんのように偉くならなければならんぞ」といつて流した涙が、私の顔に落ちて来たことを今も覚えている。

涙を流しながら中野を「抱いて教えたり戒めたりし」た「叔母（前田との）」は、金蔵の弟で前田家に婿入りした前田龜吉の妻である。

■「俺は日本一になるのだ」

名付け親である隠居和尚は、「『お前は天下に抜きん出て、今に太閤さんのように偉くなる』と言つて、この上もなく可愛が」り、叔母もまた「お前も太閤さんのように偉くならなければならんぞ」と励ます。

当時の焼津では、社会の最底辺から天下人にまで上り詰めた豊臣秀吉が理想の人物だったのか。それとも周囲の大人は、少年の中野に豊臣秀吉的な気質を見出していたのか。

中野は少年時代を「子供の頃から餓鬼大将をやつて、何をしても人の下になつたことは一度もない」と記す一方で、「少年時代より常に、にこにこして人を怒らせることはなかった」と振り返っている。

また「学校の成績は極めて悪」く、「人に強いられた勉強は嫌い」であったが、「自分から求めて勉強していた」。親戚の集まりで「『俺は日本一になるのだ』といったことが現在でも親類並びに知人、朋友の間で語り続けられている」と記してもいる。

小学校二年生に進級したものの、三カ月後には中退してしまった。一八九五（明治二八）年七月前後――日清戦争は同年四月一七日に日本軍勝利で終結――と思われる。その後、中野が公的教育機関で学んだ記録がない。

まさに「人に強いられた勉強は嫌い」であり、「自分から求めて勉強していた」わけだから、いわば中野の公的な学歴は日本全国が戦勝気分に沸き返るなかで幕を閉じたことになる。

その後を中野は、「学校を止めて十五才頃まで米搗《つ》き、米の運搬など家事の手伝いをした」、あるいは「家事の都合により同（明治二八）年中途退学、商家の徒弟となる」など記している。おそらく家の手伝いをしたり、丁稚奉公に出たりしたことだろう。

「焼津に青年の詰所があつた。そこで私立の夜学校が開かれていたので、新村伝次郎先生について文章規範を習つた」と、一八九九（明治三二）年の一三歳の頃を回想している。

ここに記された夜学校は、『焼津市史　通史編　下巻』の「第一編　焼津地域の現代」「青年と夜学会」で次のように解説されている。少年から青年に向かおうとする時期の中野の意識を知る上でも参考になるだろう。

焼津町でも、一八八七年（明治二〇）に焼津に夜学舎、一八九二年に八楠《やぐす》に養成舎が設立された。その後一九〇五年（明治三八）に町内を統一して焼津夜学舎とし、本校を小学校に、分校を八楠に置き、翌年には城之腰・鰯ヶ島に分教場を置いている。これらも青年夜学会の活動といえよう。

このように明治二〇年代、青年会の活動が焼津市域で活発化した。活動内容は、和田少年会のように演説会や討論会を行ったり、豊田青年夜学会のように普通補修境域を基礎に風俗矯正に努めていた。行政や上からの指示によって活動を始めたというのではなく、どちらかといえば自主的な青少年たちによる活動であったと評価されよう。

和田少年会と豊田青年夜学会は、焼津夜学舎に先んじて誕生した若者が自主的に集まった学びの場であった。

豊田青年夜学会の規定では、(一) 会員は一四歳以上で三〇歳まで。(二) 目的は「研学練習」と「風俗矯正」「勧善懲悪」に努めること。(三) 学習時間は夜七時から一〇時まで。(四) 二年の間、読書・算術・習字・作文を学ぶ。(五) 小学校の教員が担当し、経費は会員からの月謝と村からの補助で賄う――となっている。

中野が学んだ「青年の詰所」「私立の夜学校」は、一八八七年に発足した夜学舎を指すものと思われる。「新村伝次郎先生」は、あるいは中野が通った小学校の教師であったかもしれない。

なお新村伝次郎から学んだ「文章規範」だが、唐・宋の両代の名だたる文章を基にして編まれた文章の手本である『文章規範』であるとしたら、「私立の夜学校」の漢文教育は相当なレベルだったことになるが、やはり日本語の文章の「規範 (手本)」としておくのが無難なところだろう。

■焼津の小泉八雲

ここで注目しておきたいのが、一九〇六年に分教場が置かれた城之腰である。

じつは小泉八雲ことラフカディオ・ハーン (一八五〇～一九〇四年) は一八九七 (明治

三〇）年から一九〇四（明治三七）年までの夏を城之腰で過ごし、「焼津にて」「夜光るもの」「海辺」「漂流」「乙吉だるま」など焼津を舞台にした作品群を残している。

そこで、焼津における小泉八雲の日々を素描しておきたい。

それというのも、八雲が家族と共に焼津の夏を過ごした時期は中野の一〇代にほぼ重なるところから、少年から青年に成長する中野が過ごした焼津の佇まいが感じ取れると思うからである。なお、以下は「小泉八雲の焼津」（『焼津市史　通史編　下巻』）に基づいている。

八雲はなによりも「（焼津の）海岸の荒く爽快な深い海とその土地柄を好」んだ。一家が夏を過ごしたのは「城之腰の魚商山口乙吉の家の二階」だった。「水泳と散歩と、子どもに学習させることがおもな日課で」、「散歩の目あては稲田に囲まれた焼津神社から小川の地蔵尊へ、途中に立ち寄った教念寺・熊野神社などだった。また遠く南は和田の浜、北は浜当目まで足を伸ばしたこともあった」

「八雲の来焼当初、外国人が珍しく、乙吉と八雲一行の後にゾロゾロとついていく地元の子どもたちも多かったという」

「八雲の滞在中は焼津神社の祭礼（荒まつり）があり、手踊りや山車を喜んで見物した」。城之腰の「町内に当時一〇円の御祝儀を出し、山車を止めて踊りを披露する少年たちをねぎらった」

「焼津神社から繰り出される御神輿の渡御を軒下で迎えた時、『今年も神様のお通り拝めました』と淋しげに言ったこともあったという」

「波の荒い日には、弁当持ちで和田の浜に出かけたこともあった。途中、イナゴを捕まえたり、カニを押さえたりしながら和田につくと、そこの茶店で一服し、ひと泳ぎしてからおいしい弁当を食べた」

「焼津神社に散歩に出かけた折りに、黒トンボを捕ったこともある」

捨てられそうになった真っ黒い猫を買い取ったり、波切り地蔵の首が取れてしまったので代りの地蔵を息子の名前で寄進しようとしたり、「魚商山口乙吉の家の二階」の「暗い廊下づたいにチョロチョロと部屋の中まで出てきた子ネズミに、ウエハースを投げ与えた」。

「この年（一九〇四年）の夏はちょうど日露戦争のさなかであり、この町にも召集令状が来て兵隊に取られる人たちのことが八雲の耳にも入っており、〔中略〕戦争の影響がじかにこの漁師町にも及び、兵隊に取られる人々とその家族のことが思いやられたのであった。〔中略〕戦勝の報が新聞の号外でもたらされたのを喜び、親日家の彼は氷とラムネをふるまい、一緒に乾杯した」とのことだ。

■中野少年と八雲

八雲が焼津に滞在した時期――中野の少年期から青年期への過渡期――は、一八八九（明治二二）年の東海道線開通による大量輸送時代の幕開けから、一九〇七（明治四〇）年の発動機付き漁船の登場による大量漁獲時代と時期が重なってくる。

「魚屋は氷を使い始め、郵便局で電報の取り扱いが始まり、石積み堤防の建設も始まっていたが、電話はまだ引けず、照明はランプで、漁船は手漕ぎと帆装、浜市場は北新田・城之腰・鰯ヶ島のそれぞれの前の浜辺であった。（東京の近代化を逃れて焼津にやって来た八雲は）そこの海と、海を相手に古来から真っ正直な生活を営んでいる漁民の生活を愛した」のであった。

八雲の焼津における生活圏は、相当な部分で中野のそれに重なるように思う。であればこそ、ここから当時の中野の生活環境も想像できるだろう。

たとえば「乙吉と八雲一行の後にゾロゾロとついていく地元の子どもたち」や「山車を止めて踊りを披露する少年たち」のなかに、はたして少年の日の中野を認めることができたとしたら――。

散策の途中で立ち寄った「稲田に囲まれた焼津神社」の庭で、八雲が餓鬼大将ぶりを発揮している中野少年を見かけていたとしたら――。

中野の生家の前を、八雲が通り過ぎていたとしたら――。

はたして中野の目に八雲はどう映っただろうか。ワイワイガヤガヤと身の回りを駆けずる焼津の子どもたちの中に、はたして八雲は中野を認めただろうか。想像するだけでも楽しい限りだ。日本人が慎ましやかに生きた時代の、なんとも懐かしげで素朴な国際交流ではないか。

中野少年と異国の異色の文学者・八雲。八雲……日本最初の和歌とされる「八雲立つ出雲八重垣　妻籠に　八重垣作る　その八重垣を」を出雲の国根之堅洲国《ねのかたすくに》須賀で詠んだのは、中野にとっての産土神の素盞鳴命である。

その八雲に因んで名づけられた二弦の八雲琴が奏でる調べは、後年に祭主として神々に向かった折の中野にとってはなくてはならないものであった。

こう見ると中野、焼津、小泉八雲、素盞鳴命、八雲琴と結ぶと不思議な因縁の輪を感ずる。たしかに空想に過ぎない。夢物語と笑い飛ばされてしまえばそれまでだが、思い描いてみると、中野の人生は予め定められていたようにも思えてくる。

ここでふと二つの不思議な思いに駆られた。

一つは「八雲立つ――」が詠まれた須賀、中野が産土社とする須賀神社、さらに現在の三五教本部の置かれた掛川市横須賀――中野と「須賀」の二文字の間に深い結びつきがあるのだろうか。

もう一つが、中野が『宇宙大精神　下巻』などで説く生まれ変わりについてである。

アメリカのバージニア大学のイアン・スティーブン博士は同大学に知覚研究室を設置し、生まれ変わりの問題に生涯を尽くして科学的に取り組んだ。同博士をこの問題に向かわせた端緒は、小泉八雲が紹介した江戸時代の「勝五郎」だった。勝五郎の話を『勝五郎再生記聞』として記録したのは本田親徳《ちかあつ》（後出）の学統につながる平田篤胤《あつたね》である。

中野もまた『宇宙大精神　下巻』などで生まれ変わりについて深く考察している。ここにも中野と八雲を結ぶ奇縁を感ずるのだ。

■「風俗矯正」に反し、「勧善懲悪」に適う

「私立の夜学校」で「『風俗矯正』『勧善懲悪』に努めること」を教えられたはずだが、な

にせ中野は「人に強いられた勉強は嫌い」だったわけだから、当然のように「風俗矯正」を学ぶわけがない。だが不思議なことに、半面で「勧善懲悪」には努めていたようだ。数えで一五歳になった一九〇一（明治三四）年を、「金を使うことを覚え、料理屋に通い女との関係を生じた。村で若い衆になる元服式などには率先して色々と世話をするので若い衆が慕ってきた。若い衆に過ちがあれば本人に直接言わないで自然に改心するように導いた」と回想する（以下、中野の年齢は年譜の記述に従った）。

一五歳といえば現在では高校一年生である。当時としても「金を使うことを覚え、料理屋に通い女との関係を生じた」とは〝早熟〟が過ぎるし、「風俗矯正」に反している。だが「村の若い衆」への対応は「勧善懲悪」の訓《おし》えに適《かな》っている。

この後、三〇歳までの人生は不明な点が少なくない。そこで本稿が基礎としている『中野系図並開祖略歴』から、一六歳から三〇歳までを表（62頁参照）にまとめた。

一八歳の時、どうやら畑から盗んだ西瓜を四、五人の仲間が手渡ししたのだろう。真っ暗闇で見えなかったらしいのだが、一件を察知していた「欲の深い作り主が片ぱしから家に運んで居」た。これが事の顛末だったらしい。

ところで、西瓜ではなくカボチャだったとの説もあるが、どちらにしても他人を「欲の深い人」などと言えた立場にはないはずだが。

■中野、青春の日々

中野が徴兵年齢の二〇歳になった一九〇六年、日露戦争は日本の勝利で終わっている。だから中野が出征することはなかった。

とはいえ焼津からも召集されて前線に赴く若者は少なくなかったはずであり、焼津神社でも戦勝祈願祭が一九〇四年三月に、戦捷祝賀・出征者健康祈念祭が一九〇五年四月に、

年	年齢(数え年)	出来事
1902　明治 35	16	孫祖父さんの甥の子「すず」と許婚になったが「すず」は早く死亡。
1903　明治 36	17	寺田勇吉の長女「よふ」(16) と婚姻 (未入籍)。同年金使いが激しくなり田畠を売り払い、一家を挙げて島田町に移転し材木商運送店に勤める。
1904　明治 37	18	村に欲の深い人が西瓜を作っていたので 4、5 人で夜西瓜盗りに行って、山のように積み上げていると思っていたら、欲の深い作り主が片ぱしから家に運んで居り馬鹿を見た。その上主人に叱られた。
1906　明治 39	20	春、単身、静岡県周知郡気多村に赴き材木業に従事。10 月、同地市川虎吉氏の次女「きよ」と結婚。
1908　明治 41	22	島田に妻「きよ」を連れ帰ると、前の妻「よふ」は他家に縁づいていたが、焼津の家に帰ってきて「きよ」といどみあいになる。
1912　大正 1	26	材木商をやって金も沢山とれたが、芸者買いや遊びに耽り両親は日雇、妻は内職によって生計をたてていた。
1916　大正 5	30	沼津に養子にいった事がある。後で妻子どものあることがばれて家に帰った。

海軍大戦捷祝賀が一九〇五年六月に行われている。

また一九〇六年一月には一六〇〇名の小学生による旅順要塞陥落勝利祝賀の旗行列が行われるなど、焼津もまた街をあげて日露戦争を戦っていた。

こう見てくると、一六歳から三〇歳までの中野の人生はあまり褒められたものとは言えそうにない。

「金使いが激しくなり田畠を売り払」ったり、「西瓜盗りに行つ」た挙句に失敗したり、「芸者買いや遊びに耽」って両親や妻に苦労をかけたり、後年の中野からは想像もできそうにない。あえて言うなら放蕩《ほうとう》三昧な生活を送っていたものである。

同じ屋根の下でいがみ合う二人の妻――さて、中野はどのようにして修羅場を潜り抜けたのか。この当時の中野の姿が眼前に浮かぶようでもあり、なんとも可笑《おか》しく哀しくもある。

だが、その一方で「霊感が鋭く」働き「失敗したことは一度もなかつた」と自負する材木商時代に、後年の中野の片鱗が窺える。

中野が二〇歳代を送った当時の日本を振り返って見ると、日露戦争に勝利し、アジアで初の近代国家として世界の列強の仲間入りを果たしている。

一九一二（明治四五）年七月には明治時代の精神的支柱であった明治天皇が崩御され、時代は大正に移った。

次いで一九一四年七月に始まった第一次世界大戦に日本は連合国の一員として参戦し、ドイツが中国の山東省に築いた東洋艦隊基地を攻撃し、連合国勝利に貢献している。

■「中野與之助」への旅立ち

一九一七（大正六）年、三一歳の中野に大きな転機が訪れる。建設工事請負業の経営に転じたのである。この年を中野は次のように回想する。

請負業を始める。創業当初子分が六、七十人程おり、全盛の時は子分が数千人も居つた。常に自分は食わなくても食つた風を粧い、私慾がなく儲けは皆子分に与えた。子分は常に親の如く慕つてきた。

或る時喧嘩の仲裁をして多額の示談金を貰つたが、それをその儘やつて了つて、帰りの汽車賃を借金して帰つたこともあつた。

焼津を離れ、名古屋に進出した一九一八（大正七）年には、長野の水力発電建設工事、渥美セメントのケーブル建設工事を請け負っている。「配下約数千人」とも「配下約三千人」とも回想する。

また「名古屋市東区古渡町四丁目井上チヨの次女鏡味はな（二十二才）という芸者と一緒になり、四十八才まで十八年間一緒にいた」と〝告白〟しているが、ある意味で「中野與之助」の誕生に果たした彼女の役割は決して小さくはないはずだ。

鏡味はなと知り合ったこの年、中野は終生の師と仰ぐことになる国学者・長沢雄楯の元で神術霊術を学ぶべく清水に通いはじめた。

鏡味はなと長沢雄楯――二人によって中野は「中野與之助」への道を歩き出すことになる。

第二章　清水

静岡県清水市（現静岡市清水区）に建てられた三五教総本部と中野與之助（1951 年 7 月）

名古屋を拠点に建設請負業を始めて四年ほどが過ぎた一九二一（大正一〇）年を、中野は次のように回想している。

或る時子分に「親分は親分より偉くなつたら何になるか」と聞かれて「親分は偉くなつても親分だ」と答えたが、この質問によつて考え悟るところがあつた。その頃大本事件で新聞に出口王仁三郎師は竹槍十万本を準備し、妾数十人を囲つて居ると出ているのを見て、綾部に出口王仁三郎を訪れ、この人なら自分が師匠としてゆける人だと思つた。

親分に不躾な質問した子分は「岩」と呼ばれていた。

■「岩」のひと言

「岩」との一件を中野は、「一人の若い子分が『親分』と言ふから『何だ』と言うと『親分が出世したら何になるんですか』と訊くから、何に、小癪なことを言うと思ひ乍ら『親分は親分じゃないか』と答へて置いたが考へて見ると腹の底に割り切れぬものが残つて居た」とも綴っている。

ここで想像するのだが、一方では勢いに任せて「親分は偉くなつても親分だ」と答えてはみたものの、よくよく考えれば「親分止まり」でしかない。そこで中野には自らの人生の終着点が見えてしまったのではなかろうか。

それは七歳の頃の「遊んで帰つてきても家の敷居をまたいだ時、家の者から叱られるか叱られぬか判つていた」。「幼い頃より一種の霊感をもつて居つた」といった思いにも通じているはずだ。

あるいは、いつまでも親分稼業を続けていていいものだろうか。親分とは聞こえはいいし、多くの子分から親分と呼ばれ慕われれば気分が悪いはずもない。だが、所詮は儚《はかな》い人生に過ぎない。いまの親分のままでいいのか。あるいは自責の念に駆られると同時に、将来に対する焦りの心が生まれたようにも思える。

その時、幼い日に「『お前は天下に抜きん出て、今に太閤さんのように偉くなる』と言つて、この上もなく可愛が」ってくれた名付け親の隠居和尚や、「お前も太閤さんのように偉くならなければならんぞ」と励ましてくれた叔母さんの顔が思い浮かんだのかもしれない。

その一方で、「竹槍十万本を準備し、妾《めかけ》数十人を囲」うと新聞紙面を騒がせた出口王仁三郎（後出）に、自覚しないままに自分の中に眠っている親分肌の気質――中野の言葉に従うなら、「常に自分は食わなくても食つた風を粧い、私慾がなく儲けは皆子分に与えた」――を直感し、共感を覚えたようにも考えたい。

岩の質問によって中野がなにを、どのように「考え悟」ったのか。腹の底に残った「割り切れぬもの」がなんであったのか。それは本人のみぞ知る、ではあるが。

だが、「岩」のひと言によって「天地転動の新生涯に入る気運が生み出され」たわけであり、結果として建設請負の親分稼業の足を洗わせ、中野を霊学修業から信仰の道へ向かわせる転機となり、やがては自らが学んだ一切を注ぎ込んだオイスカとして結実することになる。であるとするならば、見方によっては「岩」もまたオイスカにとって忘れてはいけない恩人の一人と言えるだろう。

■出口王仁三郎を知る

一九二一（大正一〇）年二月一二日、出口王仁三郎は不敬罪と新聞紙法違反容疑で逮捕され、六月一七日に出獄が許されるまでの一二六日間、京都監獄未決監に収容されている。世にいう「第一次大本事件」の発端である。

ちなみに出口の出獄から一カ月ほどが過ぎた七月二三日、遠く離れた中国の上海では中国共産党が結党されている。発足当時は微々たる勢力に過ぎなかったものの、中国社会に徐々に勢力を浸透させていった。

その過程で、「宗教はアヘンである」と考える中国共産党は、社会全般にわたって古くから大きな影響力を発揮してきた民間宗教を敵視した。その中の一つに、出口や中野が友好関係を模索し、後に太い絆で結ばれることになる紅卍字会《こうまんじかい》がある。

三五教《あななない》を中野が清水の地に開教した一九四九（昭和二四）年には、紅卍字会を敵対視した中国共産党を率いた毛沢東を指導者として中華人民共和国が建国された。

一九四九年一〇月一日、新たに誕生する国家を差配することになる文武百官を従え、天下の中心である天安門楼上に立った毛沢東は、「本日、中華人民共和国中央人民政府が成立した。これによって我が民族は他から侮られなくなった」と、内外に向け傲然《ごうぜん》と言い放った。

じつは出口はかねてから「万教帰一」を掲げ、世界中のあらゆる宗教は一体であるべきだと説き、世界宗教連合会を創立し、一九四九年一〇月一日を遡ること四半世紀前の一九二五（大正一四）年五月、北京で発会式を行っている。

はたして出口に学んだ中野は、建国の日の天安門楼上での毛沢東の振る舞いをどのように感じただろうか。天安門という建造物をどのようにとらえ、北京という都市をどのように読み解こうとしていたのか。

■中野にとっての北京・紫禁城

ここで、突飛なようだが北京という都市の意味を考えてみたい。

それというのも、中野の弟子のうちで最も若い世代に属する何人か――とは言うものの、すでに八〇代に差し掛かろうとしているが――に中野の思い出や人となりを語ってもらった際、「開祖（中野）は究極の目標である世界の恒久平和の達成のための世界会議の会場として、北京の紫禁城を秘かに考えておられた」と付け加えてくれたからだ。

ということは、おそらく中野は紫禁城に対し、なにか特別な意味を感じていたのではなかったか。

じつは中国古来の考え方に基づくなら、天子＝皇帝は天の化身であるから絶対的に〈聖なる存在〉であり、天子が住む紫禁城内は地上に存在する唯一の、絶対無謬《むびゅう》の〈聖なる世界〉となる。これを敷衍《ふえん》するなら紫禁城は宇宙の中心に位置づけられるはずだ。

天安門は〈聖なる世界〉が地上の〈俗なる世界〉と接するに唯一の場所であり、紫禁城を擁する北京は地上、つまり人が住む世界の中心となる。天の意思は紫禁城に降り、天子に伝わり、天子を通して天安門から生きとし生けるものの住む地上に遍《あまね》く伝わるという仕組みとなる。

はたして中野は紫禁城をどのように捉えていたのか。その後の中野の歩みを考えるほどに、いまとなっては不可能とは知りつつも、やはり聞いてみたかったところではある。

こう見てくると歴史には、偶然の一致やら奇縁という、通り一遍の言葉では表現できそうにない不思議な巡り合わせがあるようにも思える。全く関係なかったような出来事が、なにやら不思議な糸で結ばれているということだ。

やはり歴史とは、不思議な結びつきで編まれた壮大な物語でもあるということを改めて強く感じる。

■第一次大本事件、明るみに

第一次大本事件に戻るが、不敬罪容疑という犯罪の性質上、司法当局は初期段階から一貫して慎重かつ極秘に捜査を進めていた。厳格な報道管制が布《し》かれていたこともあり、一般社会が事件の概要を知ることはなかった。

出口逮捕から三カ月ほどが過ぎた五月に入って予審が一段落したことから、大阪地方裁判所による「記事差止命令」が解かれ、新聞各紙は五月一〇日を期して一斉に号外を配布して事件を報じた。

この段階で、人々は事件を知ることになったのだ。そこで五月一〇日の新聞各紙号外に見える主だった見出しを拾ってみると、

――「大本教に大鉄槌下る／判検事の司法官一行も参加し／警察部長自ら三百余の警官隊を指揮し／綾部を包囲疾風迅雷的に検挙／不敬罪並びに新聞法違反として／出口王仁三郎以下最高幹部三名を収監」(『大阪時事新報』)

「大本教に大鉄槌下る／判検事の司法官一行も参加し／警察部長自ら三百余の警官隊を指揮し／綾部を包囲疾風迅雷的に検挙／不敬罪並びに新聞法違反として／出口王仁三郎以下最高幹部三名を収監／国体を危くする秘密出版／邪教の正体晒け出さる」(『東京日日新聞』)

「戦慄す可き大陰謀を企てた／大本教は奇怪な正体を暴露した」(『大阪朝日新聞』)

さらには「内乱の準備行為として武器弾薬を隠匿し、竹槍十万本を準備した大本教」と

か、「錦の御旗を用意し、露国の過激派と気脈を通じていた大本教」とか、「陰謀の発覚をおそれ、十二人生埋めした大本教」など――。
専《もっぱ》ら読者の興味を煽《あお》り立てながら、一方で被疑者側の犯罪性・猟奇性を強く印象づけることを狙ったとしか思えない見出しが、しかも大きな活字で新聞紙面に躍っていた。なにも知ることのなかった読者の目の中に、一方的に刺激的情報が集中豪雨のように飛び込んでくるわけだから、正直なところ誰もが面食らい、理解不能の状態に陥ったのではなかったか。

このような過剰なまでにセンセーショナルな報道によって読者をひきつけ、世論を一定の方向に導こうとする報道姿勢は、事件から一世紀ほどが過ぎた現在とも大差がない。いや現在ではテレビをはじめインターネットなどの情報機器があふれているだけに、こういった傾向は一層強まったと言えるだろう。

どうやらマスコミの印象報道という体質は時代が下るに従っても改められるわけでも、ましてや根本治癒されるわけでもなく、いつまでたっても旧態依然たる姿から脱することができないままに漂流しているように思えてならない。

■中野、綾部へ

出口は六月一七日に出獄が許され、一〇月五日になって京都地方裁判所から「不敬罪として懲役五年」の判決が下されている。直ちに控訴する一方で、彼は一〇月一八日から大本教の世界観を描き出す壮大な『霊界物語』の口述筆記に取り掛かる。

事件を報じた新聞各紙に目を通すかぎり、「竹槍十万本」はともかく、「妾数十人」に関連するような記事は見当たらなかったが（あるいは見過ごしたかもしれない）、中野の回想によるなら、中野が出口の存在を知ったのは報道管制が解かれた一九二一年五月一〇日以降ということになる。

そして中野が綾部の大本教本部に出口を訪ねて、「この人なら自分が師匠としてゆける人だと思つた」のは、おそらく一九二一年初冬の『霊界物語』の冒頭部分を口述していた頃ではなかったか。

一方の出口は、判決が下ったとはいえ上級審に控訴したわけで、法的には犯罪者ではない。だが明治憲法下では許されざる大罪に当たる不敬罪に問われているわけだから、国事犯容疑者に当たるだろう。

このような出口の前に進み出た中野は、子分のひと言に心を動かされ、建設請負業の親分稼業から足を洗ったばかりの三〇代半ばであった。

初対面であったにもかかわらず、中野は「この人なら自分が師匠としてゆける人だと思つた」と記すからには、それ相応の確信を持ったことだろう。その際、二人の間でどのようなやり取りがあったのか。これまた想像するだけでもワクワクしてくるではないか。出口の口から淀みなく紡ぎ出される『霊界物語』を傍らで耳にしながら、中野は自らの確信を深めていったのだろうか。おそらく互いが語り合い、互いを認め得心したというよりは、沈黙が続く中で双方が相手の心の内を読み取り、信頼の二文字を腹の底に納めた。言わば以心伝心であった、と思いたいところではある。

中野は「昭和四年三月、四三歳の時に大本教に入信した」とも記している。だとするなら一九二一年に出口を「この人なら自分が師匠としてゆける人だと思つた」ものの、直ちに入信しなかったことになる。なぜ、その時に入信しなかったのか。

一九二一年から一九二九(昭和四)年までの間、中野はどのような人生を送っていたのか。すでに記しておいたように、中野は一九一八(大正七)年に「静岡県清水市の国学者長沢雄楯翁に師事し神術霊学を学」び始めている。

また一九二六(大正一五/昭和元年)を「霊智霊覚を得て天与の使命を自覚し古典研究・

霊学の研究に没念する」と回想しているところからして、大本教入信以前、すでに中野は長沢から相当に深く「神術霊学を学」んでいたということだろう。

長沢は、後に述べるように出口とは因縁浅からぬ絆で結ばれている。そこで、あるいは中野は長沢を通じて改めて出口の許に出向き、四三歳になった一九二九年に正式に入信したとも考えられる。

■「世の立替え・立直し」

中野が出口王仁三郎を知るキッカケとなった新聞記事が伝えた大本事件は、一般に「第一次大本事件」と呼ばれる。わざわざ第一次の三文字が冠せられているわけだから、当然のように第二次もあった。

それが一九三五（昭和一〇）年末に発生した「第二次大本事件」であり、大本教幹部として中野も逮捕され、一九三七（昭和一二）年一〇月に保釈・仮出所されるまでの二年ほどを過酷な獄中で過ごしている。

両事件を合わせて「大本弾圧事件」とも呼び、明治憲法下での国家権力による大掛かりな思想弾圧事件ととらえる見方もある。

先に述べたように第一次は刑法の不敬罪と新聞紙法違反容疑で、第二次はさらに治安維持法違反容疑が加わって、共に司法当局から徹底して攻撃され、教団組織は壊滅的打撃を被ってしまう。

中野が連座した第二次大本事件とも関連し、結果として中野の人生に深い影響を与えたと思えるので、ここでは第一次大本事件の概要を見ておきたい。

大本教は筆舌に尽くし難い前半生を送らざるをえなかった出口なお（一八三七～一九一八年）を開祖に、その娘婿で稲荷講社の行者であった上田喜三郎（後の出口王仁三郎／一八七一～一九四八年）が体系化した神道系宗教である。

明治期に多く生まれた神道系民衆宗教の一つではあるが、組織を海外にまで拡大するなど、戦前には内外に強い影響力を発揮したことで知られる。

大正期に入るや、出口は優れた組織力と強烈な指導力を発揮し、加えて当時としては極めて珍しい斬新で奇抜なメディア戦略を駆使して組織の拡大を図っている。その典型が、長髪に紋付き袴で「敬神尊皇報国」の幟旗《のぼりばた》を立てた街頭宣伝隊の全国派遣だろう。

特異な服装の彼らが街頭に立って訴える「大正維新」「世の立替え・立直し」の考えは、

先行き不透明な思いに覆われていた世論を刺激し、大きなうねりとなって国政の中枢までをも揺さぶったのである。

■大正デモクラシーの時代

ここで、当時の世相を振り返ってみたい。

日露戦争に勝利したことで世界の列強の仲間入りを果たすことになった日本は、一九一四（大正三）年に勃発した第一次世界大戦には連合国の一員として加わり、中国におけるドイツの拠点であった山東省、さらには南太平洋に浮かぶドイツ領の島々を攻撃し、これを押さえた。

その勢いを駆って一九一五年には対華二一カ条要求を突きつけ、ドイツが中国に持つ権益の継承に加え満洲の南端に当たる関東州の租借期限、さらには南満洲鉄道の権益延長（九九年）などを中国に求めた。

国外では一九一七年にロシア革命が勃発したことで、国際政治に地殻変動が起こる。世界初の共産党政権阻止を目的に、翌一九一八年にイギリス・アメリカ・フランス・イタリア・カナダ・中華民国など第一次世界大戦における連合国の一員として、日本はシベリア出兵に応じている（一九二二年まで）。

中国は日本の動きに反対したものの、国際社会における日本の影響力を前にしては二一カ条の要求を受け入れざるをえなかった。

だが、中国には日本の要求を受け入れることを「国恥」と捉える感情が生まれ、やがて日本に対する不満となり、若者を動かし、一九一九年五月に北京で起こった「五《ご》・四《し》運動」につながり、全土での排日・日貨排斥運動へと発展することになる
日本統治下の朝鮮半島ではロシア革命、さらには第一次世界大戦の結果として世界的に沸き上がった民族自決の潮流を背景にした独立を求める勢力の活動が見られるようになり、一九一九年三月一日にはソウルで「独立バンザイ」を叫ぶデモが行われた（「三・一独立運動」）。

日本の国内は大正デモクラシーと呼ばれる時代にあり、普通選挙を求める声が起こる一方、ロシア革命に刺激されて社会主義への関心が起こり、労働運動・農民運動が高まりを見せ始めたのである。

第一次世界大戦は日本経済に急成長の機会をもたらし、国民生活が豊かになった結果、食生活に変化が生まれ、それまで日常的に米を食べる習慣のなかった低所得層までが米を

食べるようになる。

米の大量消費時代に入ったこともあり、買い占め、売り惜しみや投機が重なり、いつしか米価格は天井知らずのままに値上がりしていった。

一九一八年七月、「越中女房一揆」とも呼ばれる米騒動が、富山湾の沿岸地帯で起こった。これがモヤモヤしていた国民感情に火をつけ、米屋や警察施設に対する襲撃、掠奪《りゃくだつ》、打ち壊しにまで発展し、炭鉱騒動までを誘発している。

警察による鎮圧はままならず、やがて軍隊が出動するまでに事態は紛糾する。沖縄・秋田・青森を除く全国が混乱状態に陥り、当時の寺内正毅内閣は総辞職に追い込まれてしまったほどである。

改めて国外に目を向けると、日本はシベリア出兵の泥沼から抜け出すことができず、一九二〇年にはロシアのニコラエフスクでは「尼港《にこう》事件」が発生し、日本軍守備隊と在留邦人の七〇〇余人が抗日パルチザンに殺害されている。

第一次世界大戦の終結によって平和が訪れはしたものの、株価は大暴落し、日本もまた戦後不況の荒波を受けざるをえなかった。

■挫折した「大正維新」

このように〝不安な時代〟を背景に、出口が掲げる「大正維新」「世の立替え・立直し」の考えは国民的共感の渦を巻き起こす。

あるいは氷点下の湖面に小石が投じられることで一気に氷が張るように、社会に蔓延《まんえん》し爆発の時を待っていた人々の不安が形となって現れたのかもしれない。

もちろん政界・学界・宗教界・知識人などからの激しい批判・攻撃を浴びはした。だが、国内各層への影響力は確実に増していった。それほどまでに国民は社会の混迷打開を求めていたということだろう。

一九二〇年六月には、内務省警保局長が「国家の安寧と秩序を乱す恐れあり。よって大本教絶対禁止の可能性あり」と発言するほどまでに、出口と大本教に対する政府治安当局の警戒感は高まっていたのである。

出口ら大本教最高幹部の裁判は京都地方裁判所から大阪控訴院を経て、一九二五（大正一四）年三月には大審院にまで進んでいる。

大審院では弁護側の申し立てが受け入れられ、出口の精神鑑定が行われた。その際、弁護側は三人の鑑定人——京都帝国大学医学部教授の今村新吉、東京帝国大学医学部助教授の杉田直樹、それに霊学における出口の師であり、また中野の師でもある霊学者の長沢雄楯――を選任している。

今村、杉田が精神医学の視点からの鑑定を進めたのに対し、長沢に求められたのは出口が体現した「憑霊《ひょうれい》現象」に対する霊学者としての判断だった。

中野が記している「長沢霊学」の理論によれば、憑霊状態における言動は自己の意思に反することもあり得るとされる。

霊に憑依された場合の人格は、通常のそれとは別人格である、と考えられる。加えて中野は長沢から伝えられた「霊学に於て最も大切な原理」を、「精神正しければ即ち正神に感合し邪なれば邪神に感合す、精神の正邪賢愚は直ちに幽冥に応ず最も戒慎すべし」であると記している。

ここで様々な疑問が浮かんでくるに違いない。

はたして憑依された別人格者の口を借りているとはいえ、現実の社会を容易に刺激するであろう「大正維新」「世の立替え・立直し」のような過激な政治的発言は許されるものだろうか。そこから導き出される政治運動の実践が法律を犯していると判断された場合、実行者を罪に問うことができるのか。

さらには「精神正しければ即ち正神に感合し邪なれば邪神に感合す」と説く長沢の霊学に基づくなら、出口を「大正維新」「世の立替え・立直し」の実際行動に向かわせたのは「正神」なのか「邪神」なのか。かりに「邪神」であったとして、それが現実の出口とは別人格だから現実社会で規定された罪に服する必要はないのか。

やや大胆とは思うが、こんな疑問も浮かんでくる。

大本教を論じた川村邦光は、この裁判において長沢は「王仁三郎の不敬罪を前提にして発言しているようだが」と断った上で、次のように記した。

「王仁三郎が『正神の神慮』に背いて、その守護を失っていることを示唆し、要するに『軽率』だったと言う。さらに、『当時、身親しく其席に臨み、之を履行し、充分の審査をなしたるものにあらざれば、憑霊的動作なりと確信するを得す』と、王仁三郎の憑依に対する判断を留保し、霊学者としての慎重な鑑定を提出している」（川村邦光『出口なお・王仁三郎』ミネルヴァ書房　二〇一七年）。

■法廷での「高が田舎の老人」

法廷に示された「当時、身親しく其席に臨み、之を履行し、充分の審査をなしたるものにあらざれば、憑霊的動作なりと確信するを得す」との長沢証言に基づくならば、長沢は出口の言動は「正神に」ではなく「邪神に感合」した結果だと判断したとも思える。

であるとするなら、やや大胆な推論ではあるが、出口は、長沢が中野に伝えた「霊学に於て最も大切な原理」を逸脱していたことにはならないのだろうか。

ところで、長沢は法廷で示した自らの判断をどのように考えていたのか。

話が前後するが、中野が長沢に学んでいた頃の清水の街の様子を知りたいと思い、当時の『静岡民友新聞』の記事を繰ってみた。

すると、「『神懸か』の学理が認められたのは本懐だ　出口王仁三郎の鑑定人で出廷した長沢老人の怪気焔」と表題された記事が目に入った。日付は一九二六（大正一五）年七月二三日である。やや長い記事だが、とくに興味深い点を選んで引用しておきたい。

この記事には、出口の鑑定人として大審院第一部法廷に出廷した「清水市上清水長沢雄楯氏は法廷に於て神懸りの学理と古今内外古書の微証世界の之に干《かん》する学説とに就き約四時間の長きに亘つて説明した」ところ、「鑑定人たる京都帝国大学の今村医学博士、元東京控訴院検事大和法学士は大いに氏の学説に共鳴し改めて氏の門下生となつて研究する事になつた」。後日、長沢は「神がゝりに関する古今の学説を大審院に提出する筈である」

——と記されている。

この記事では最後に長沢の言葉として、「私は今回大審院まで鑑定人として出張し神が、りについて今村、大和両氏の共鳴迄得て初めて痛快の仕事をやりました。最高学府の人がこんな学理を説明する事が出来ず私の様な高《たか》が田舎の老人が説明し今迄余り信ぜられなかつたこの学理が私の四十ヵ年間の研究した学理が認められたと云ふ事は本懐の至りです、尚大審院へは花井卓蔵博士外数名の者が出席しましたが私も晴れの場所で痛快な仕事をした訳です」が添えられている。

自らを「高が田舎の老人」と形容しながらも、「四十ヵ年間の研究した学理」を大審院という「晴れの場所」で陳述する機会を得たばかりか、「鑑定人たる京都帝国大学の今村医学博士、元東京控訴院検事大和法学士」の共鳴を得たことに対する喜びを隠そうとしない長沢の思いが伝わってくるようだ。

「高が田舎の老人」が「晴れの場所」で「四十ヵ年間の研究した学理」を開陳できたことを、長沢は「晴れの場所で痛快な仕事」と胸を張る。ということは、法廷という公の場で見せた「四十ヵ年間の研究した学理」に裏付けされた判断に、長沢は秘かに自信を持っていたに違いない。

だが長沢にとって「晴れの場所で痛快な仕事」であったとしても、はたして出口にとってもそうであったのか。大いに疑問は残る。むしろ不本意な思いを抱いたとしても、あながち不思議ではないだろう。

先に挙げた「王仁三郎の憑依に対する判断を留保し、霊学者としての慎重な鑑定を提出している」との川村の見解を敷衍《ふえん》するなら、「四十ヵ年間の研究した学理」を挟んでの長沢と出口、中野と長沢、中野と出口の関係が知りたいところだ。

だが、中野の膨大な著作に目を通してみても、長沢の「晴れの場所で痛快な仕事」についても、第一次にせよ第二次にせよ大本事件それ自体、その結果としての二度にわたる大本裁判についても明確な形で自らの考えは示されてはいない。

ここからは、さらに大胆な仮説になる。

仮に大本教入信から自らが開いた三五教を基盤に、世界宗教会議から精神文化国際会議を経てオイスカ創立に邁進するに至った根源的動機が、この裁判における長沢の出口に対する判断から導き出されていた――とするなら、霊学から出発した中野が宇宙経綸という壮大な考えに思い至り、さらに地球全体を相手にしたオイスカの実践活動へと飛躍していった道筋が浮かび上がってくるようにも思える。

もっとも、これはオイスカ理念の根源に深く関わる問題だけに、軽々な判断を下してはならないだろう。ここでは問題提起に止めておくことにして、先に進みたい。

■二つの大本事件

一九二六（大正一五／昭和元）年一二月二五日に大正天皇が崩御されたことで大赦令が公布され、大審院で係争中の裁判は唐突に打ち切られた。出口の免訴によって、出口の一連の振る舞いに対する法的判断は不問に付されたことになる。

かりに裁判が継続されていた場合、明治憲法下での最上級裁判所である大審院が、出口を「大正維新」「世の立替え・立直し」に激しく向かわせた「神慮」にどのような判断を下しただろうか。

こうして現実世界の仕組みの根幹である法体系が現実世界を超越する「神慮」を判断する機会は、中野も連座した一九三五年の第二次大本事件にまで持ち越されることとなったのである。

やや先走るようだが、第二次大本事件に関わる大審院の判決は敗戦直後の混乱の最中の一九四五年（昭和二〇）年九月八日に下され、治安維持法違反は無罪、不敬罪は消滅したことから不問にされた。

それから三カ月が過ぎた一九四五年一二月八日、大本教教団本部が置かれた綾部で事件解決奉告祭が行われた。

じつは一〇年前のこの日（一九三五年一二月八日）に第二次大本事件が勃発し、四年前のこの日に日本は「米国及英国に対して戦を宣」（「開戦詔書」）したのである。

第二次大本事件解決奉告祭から四年が過ぎた一九四九（昭和二四）年一二月八日、中野は開教直後の清水の三五教教団本部で世界主要宗教教祖四八柱を奉斎している。

時の流れを追ってみると、事件発生から一〇年後に第二次大本事件解決奉告祭を行い、その奉告祭の四年前に対米英戦争の戦端が開かれ、さらに四年後には世界主要宗教各教祖四八柱が奉斎されたことになる。

事件発生、対米英開戦、奉告祭、そして世界主要宗教各教祖四八柱奉斎――どれもが一二月八日である。一年の三六五分の一に過ぎない一二月八日という一日が特別な意義を秘めているはずもないだろう。だが考えてみれば、必ずしも偶然の一致というわけでもなさそうだ。

かりに後の二つの一二月八日を「米英両国と釁端《きんたん》を開くに至」（「開戦詔書」）った一二

月八日に関連づけ、四年ごとの一二月八日を開戦から奉告祭（戦争終結と建設的回顧）を経て奉斎（「万教帰一」による世界平和構築）と捉えることが許されるなら、その後の中野の歩みが理解できるようにも思える。

だが、その場合、最初の一二月八日、つまり第二次大本事件をどのように位置づければよいのか。謎ではある。

あるいは世界主要宗教各教祖四八柱奉斎によって、中野は自らが目指す「万邦共栄の楽を偕《とも》にする」（「終戦詔書」）の道に一歩踏み出したと言えるのかもしれない。

ここで妄想を逞《たくま》しくするなら、中野がオイスカを構想するに至った根底には、「万邦共栄の楽を偕に」することを実現させようという志が秘められていたのではなかったか。

それにしても、である。歴史というものは時折、我われの目の前に不思議な情景を浮かび上がらせてくれるものだ。

■「自然教法」という教え

長沢の元で「神術霊学」を学び始めてから数えて八年ほどが過ぎた一九二六年を回想し、中野は「霊智霊覚を得て天与の使命を自覚し古典研究／霊学の研究に没念する」と書き留めている。

中野と出口は共に長沢から霊学を授けられているところから、一般的には兄弟弟子の関係にあると考えられる。

だが法廷の場で長沢が示した出口の振る舞いに対する見解と、その後の長沢と中野の関係を対比して考えた時、あるいは長沢は自らが学んだ霊学の神髄を中野にこそ伝えようとし、中野は自らが学んだ霊学の神髄から宗教活動を超えてオイスカの創設に立ち至ったようにも思える。

ここで言う霊学とは、「世界を宗教化して天に一日ある如く地に一王と言ふ大救世主の出現を迎へ、世界人群物類の平安を来さんとするに就いては、その基礎ともいうべき霊学を述べねばならぬ」と中野が説く、その霊学である。

長い思索と実践の末に中野がたどり着いたオイスカには、出口の波乱に満ちた人生から学んだであろう中野の思いが込められている――こう考えたい。

中野は前言に続いて、「霊学は先師本田親徳翁によつて始めて完全に体系付けられたものであつて、茲に本田翁が霊学を興された功業をたゝえ、次に之を継承された長沢雄楯翁の功績を現はし、次いで私が長沢翁の委嘱により此学統を継承して居る次第を明らかにしようと思ふ」と記し、霊学の学統が本田から長沢を経て自からに繋がっていることを示している。

いったい霊学などと言えば、オカルト、あるいは非科学的で奇想天外で荒唐無稽な妄想の類に受け取るだろう。おそらく現代人の大部分はそう考えるに違いない。

だが、本田から長沢へと繋がれた霊学の「学統を継承し」た中野が、長い間の思索と実践の末にオイスカにたどり着いたという事実は、否定しようにも否定しようがない。中野と霊学とオイスカとは切っても切れない関係、切り離そうとしても截然と切り離すことのできない関係で結ばれているに違いない。

そこで本田、長沢の二人の師に関する中野の記述を追うことで、中野が捉えたオイスカにつながる霊学を考えることにしたい。

■中野にとっての「霊」

本田の霊学を振り返る前に、まずは中野が説く「霊」について考えてみたい。

「霊とは何ぞと言へば、それは奇《く》しびなるものである」とする中野は、霊に対する日本の一般社会の向き合い方を、（一）「此文明時代にそんなものを信ずるは迷信だと片付けて了ふ」。(二)「昔からの民間信仰の伝統で、我が身の悩みや不安の為には、無批判にいわゆる此迷信に走る」。(三)「此宇宙の神秘を認めて、霊的現象を科学的に解明しようとする」の三者に分けた。

さらに、「さすがに学問にかけては一歩先輩である欧米の学者の中では」、「已に百余年前からの研究」によって「此神秘な霊的現象に科学のメスを入れることに已に成功して居るのである」と、欧米における霊研究の最新状況を紹介する。

その上で、「已に神霊科学の域から進んで神霊哲学となり、学界の権威となつて居るのである」と説いた。

神霊哲学までに進んだことで「ギリシャ哲学の昔からの唯心唯物の二つに分かれた哲学の二大潮流の争ひ」は止揚され、「物・心・霊の三位一体的宇宙観に調和統一され」た「自然教法という唯一の宗教に到達すべきものである」。「宇宙一切の存在」は「自然教法」によって律せられ、日々――というより永遠の過去から無窮の未来まで――を過つことなく運行させている。

だから、「此の自然教法という宗教は」、「個人にとつても常に行動の規矩となり、又政治上、社会上の最大問題の解決にも大いに寄与するに至るべきものだ」と、中野は力説した。

■オイスカの源流

ここで見落としてはならないのは、オイスカの根底に横たわる中野独特の宗教観である。中野は「宗教とは如何」と自問した後、「その字義から言へば宇宙の真理を示す教である。神と人とをつなぐことであり、神なる宇宙の大精神とその分霊を賦与された人の精神と相結ぶことである」と記している。

この短い言葉の中に、オイスカに託した中野の想いが込められているように思う。オイスカと一体不可分ともいえる中野の宗教観については後に改めて考えることとして、いまは次の言葉を記しておくに止めておく。

神や仏の名を用ゐたからとて決して宗教とは言へない。単に倫理や道徳を説いて宗教と称するものがある。全く人智に出たものは人造教であり哲学である。宇宙精神の根幹を説いたものが宗教であつて、真理の一部、枝葉を説くものは宗派である。宗教は大精神そのまゝ人意を加へず説くべきもので、かくて宇宙の大霊にふれ造化の妙機に参じ、活ける道に向はしむるものではなくてはならぬ。宇宙は決して固定した教典

におさめられるものではない。教義や信条に束縛されるべきものでもない。生きたものでなくてはならぬ。〔中略〕

宗教は自由であらねばならぬ。障壁を設けず門戸を開放し、来るものは拒まず、迯《に》ぐるものは追はずが本当である。

過去に於ける賢哲の遺訓を墨守し、何等の霊智霊覚なく況や神界のあることさへ弁へず、死神死仏を祀つて唯遺された教を祖述する位のことにて現代の渾沌たる思想界を導き、また迷信せる科学に真生命を与へるかの如きは全く思ひも及ばぬ不可能なことである。

正しい宗教は決して個人的に教ふるものではない。

長い引用になってしまったが、どうやら中野にとっての宗教とは「神や仏の名を用いた」ものではなく、「自由であらねばならぬ」ものであり、宇宙一切の運行を律する規範から生まれたものであり、「個人にとつても常に行動の規矩となり、又政治上、社会上の最大問題の解決にも大いに寄与するに至るべきもの」である。

だとするならば中野の説く宗教はヒトとしての真っ当な道を求めること、と言い換えることができるのではないか。

このように見ると、やはりオイスカの根底には、本田から長沢を経て中野へとつながる霊学の学統が深く刻まれているようにも思える。

そこでオイスカ理念の源流を尋ね、本田と長沢の事績を遡っておきたい。

■「吾が霊学中興の祖」本田親徳

中野が「吾が霊学中興の祖」「霊学の先師」と呼ぶ本田親徳は、一八二三（文政六）年に鹿児島藩の御典医の家に生まれた。当時の鹿児島の男児がそうであったように、幼児より漢学と剣術を学んでいる。一九歳で故郷を離れ水戸に向かい、会沢正志斎の門下で三年間研鑽《けんさん》を続けた。

会沢は主著である『新論』で尊皇攘夷を唱えているが、後年に著した『時務策』では必ずしも開国を否定しているわけではない。吉田松陰（長州藩）や真木和泉守（久留米藩）などの尊攘派の志士が会沢の元を訪れている。

会沢の門を離れた後の本田について、中野は「専ら皇漢の学を研鑽し」、「広く百科に渉つた」が、「古事記、日本書紀その他の古典を深く考究するに従ひ深遠玄妙の境に思を致し、必ずや宇宙は大なる霊的作用によるに違いないと推測しつゝあつた」とする。

京都に在った二二歳の時、狐が憑依した少女に出会ったことをキッカケにして「霊的作用の研究」が始まった。

本田の前後四〇年余に及んだ霊学研鑽を概観して、中野は「其間全国の霊地霊場に鎮座まします神霊、蟠踞し漂浪する邪霊と数限りなく渡り合い、神界霊界の大要を了解するに至つたのである。其の大要を上げるならば霊界に正神界、邪神界の別ある事、その階級又憑依せる霊の種類等を判別する審神の法等を発見し、霊学の根柢を確定したのであつて、実に是れ霊学中興の祖と称すべきである」と記している。

明治維新の元勲である副島種臣は本田の高弟に当たるが、一八七六（明治九）年に副島邸で「翌年二月に西南戦争勃発」の神示を得て、副島に隠忍自重と事態の周旋を求めたとされる。

鹿鳴館開館翌月の一八八三（明治一六）年一二月、鹿児島出身の奈良原繁の静岡県知事就任を機に、若者教育に当たるべく要請され静岡に移っている。

ここで、中野が「古事記、日本書紀その他の古典を深く考究するに従ひ深遠玄妙の境に思を致し、必ずや宇宙は大なる霊的作用によるに違いないと推測しつゝあつた」と評価する本田の考えの一端に接しておくことも、中野を知るうえで必要だろう。

本田の著述には友清歓真《ともきよよしさね》が紹介した「産土百首」などがあるのみで、その多くは幻の書とされてきた。だが、晩年の門人である鈴木広道の許に伝えられていた稿本を底本として『本田親徳全集（全一巻）』（山雅房　昭和五一年）が刊行されている。

同書に収められた「古事記神理解　巻二」に、中野に伝えられたと思われる宇宙観の一端を垣間見ることができる。なお原文は漢字とカタカナで記されているが、読みやすいように適宜ひらがなに直しておいた。

■『古事記』の「神理解」

まず、「天地初発之時於高天原成神名天之御中主神次高御産巣日神次神御産巣日神此三柱神者並独神成坐而隠身也」と『古事記』の冒頭を示した後、「〇天は『アメ』の漢字なり『ア』は『ヒ』と同く霊妙なる義。『メ』は巡運の義にて『アメ』とは即ち今現に仰ぎ見る所の太陽なり」と、極めて詳細な解釈が始まる。

『古事記』に「神理解」を付し、「吾邦の国学者輩の真正なる古伝を謬釈し」と自らの立

場を示しているだけあって、その解釈は極めて独創性に富んだものと言えるだろう。いくつかの興味深い主張を挙げてみると、

○地は「ツチ」の漢字にて此の大地を云ふ。蓋し「ツチ」とは本と太陽系中に在る諸星を統括したる名にして、独り我が地球のみを云ふに非ざれども吾が古典は専ら太陽地球及び月界（月は属星にて即ち付属するの名なり）に関することのみを伝へて、自余の諸星に及ばず。故に天地と対するときは則我地球なることを知る也。

「ツチ」と云ふ語の義を考ふるに「ツ」は漢土の運の字の義にて、神代紀に伊弉諾尊神功既畢へ霊運当遷《アツシレタマウ》とある即ち是なり。因て今「ツ」音以て運の字に訳すれば、水は体運《ミツ》の義、露は運動《ツユ》（動はゆるぐの意也）の義。夏は地運《ナツ》の義にて皆運動の意あり。

「チ」は之を漢字に訳すれば則ち父《チ》なり、血なり、乳なり。凡て万物を長養生育するの義あり。既に云へる如く、地とは独り地球のみならず。本教に載する所の十四遊星、廿五衛星より無数の小星慧星に至る迄悉皆地に非ざるなしと雖とも、吾人親しく

大地の化育を被るを以て特に地と称す。
○高天原。は高天《タカアマ》の原なり。高とは太陽系中の高処即ち太陽軌道中の虚空にして天の中真高極の処を云ふ。天は本至《モト》大無涯の大虚空を云ふ。原は広大平遠の所を云ふこと古人の説の如し。則高天原とは我太陽系中の中極たる処空を云ふなり。

こう見てくると、どうやら本田は『古事記』を「神理解」することで、宇宙の仕組みを解き明かそうとしたようにも思える。

本田によれば、天之御中主神は「大虚空の真中に坐まして、幽顕の大根本を主宰し玉」い、天地万物を構成している全要素を「統括し玉」う。

また高御産巣日神《たかみむすびのかみ》、神御産巣日神《かみむすびのかみ》の二神を「光温の二気に分掌し玉ひて宇宙に充付し、顕幽の妙機を執玉ふこととなるが、独り我太陽系のみならず他の万有の世界をも総て主宰し玉ふ神徳に坐せば、其の広大無辺なることは言辞の得て形容すべき所に非ずと知るべし」とも説く。

ここまで読んできて、ふと中野の次の言葉が思い出された。

宇宙は霊によつて創造された。霊の力によって進化発展する処に宇宙という体が構成せられた。是が宇宙大霊の御活動であつて人間界で想像できない霊・力・体、三元の極点である。是が宇宙の基本であり、此の教なくして大生命も大精神の理解も生まれない。宇宙大霊の以前、即ち宇宙起源の生みの親如何にという事は求める必要はないし、許されていない。

此の目に見えない霊・力・体が根源となって宇宙霊が御活動になり、宇宙を支える力となり、大空という体を保有するのである。斯様な宇宙の霊・力・体の三元が流れて保有する有様を宇宙大精神と言い、大生命と言い、宇宙本体と言う。此の三元が三位一体となつて働くのが宇宙生活である。地球・万物・万生も霊・力・体の三元をもつて活動を起こすものである。人間にも霊・力・体が与えられて生活を営む。

古典にある天地初発之時、於高天原成神御名、天之御中主神、高御産巣日神、神御産巣日神は宇宙創造の霊・力・体を神の御名で表現したもので、天地初発即ち宇宙起源に御活動になつた至貴至尊の神である。宇宙霊界の教によつて創造の処まで我が信念が奥深く進めば、其の唱える天之御中主神は宇宙大霊の近くまで接近する。

中野が説いた宇宙経綸を遡れば、どうやら本田による「古事記神理解」に行き着くように思えてくる。

■「駿河の聖人」長沢雄楯

「高名を慕ひ草鞋をはいて清水の地から訪ねてやつて来たのが、私の恩師で翁の学統を継ぎ、後駿河の聖人とまで謳われた長沢雄楯先生である」と、中野は綴る。

長沢は一八五八（安政五）年に清水で生まれているが、先祖は清和源氏の流れに連なる三河国長沢城城主長沢近江守政重とのことだ。

一二歳で藩立学校に入り漢籍を学んだ後、一八七二（明治五）年に静岡浅間神社内に設けられた神仏混淆の中教院に進み国学を修めた。成績優秀であったことから二年後には一七歳の若さで同院和漢学教授に抜擢《ばってき》されている。

地質学など新たにもたらされた西欧の近代科学に接したことから本居宣長や平田篤胤の学問の持つ矛盾に着目し、その訂正を目指したというから、早熟であると同時に極めて柔軟な考えの持ち主だったと思われる。

その一方で衰微畏縮する神道の救済を目指し、一八七七（明治一〇）年に『東京開知新聞』に論文を発表し、これがきっかけとなり神道振興運動を起こす一方で、当時の駐英公使・森有礼の協力を得て神道学徒の西欧留学を計画した。

国学と西欧の近代学問を融合させようとした試みは頓挫したようだが、その後も長沢は英学だけではなく、ギリシャ哲学までも学んでいる。

当時の長沢の研鑽振りを追想して、中野は「深く宇宙の原理を研究しなくてはならないと言うので哲学史を勉強して哲学の一般を知り、茲にギリシャのアイラニック派のテールスから今日に至る上下二千年の間、有神説と無神説との争論あつて、何れとも決定することの出来ないのは、学術隆昌の現世紀に応《そ》はず遺憾の極なれば、何らかの方法をもつて之に決定を与えんものと苦心研究六ヵ年を費やしたのである」と記す。

ここから浮かんで来るのは、時代に取り残されたままの古風な国学者としてではなく、極めて合理的な学問精神に富むと共に真理探究のためには一切の束縛を排し行動する学者としての長沢像だろう。

一八八四（明治一七）年末、長沢は本田を訪ねた。

この年は加波山事件（九月）、自由党解散（一〇月）、秩父事件（一〇月）、飯田事件（一二月）、

名古屋事件（一二月）が連続して起こるなど、自由民権運動を底流とする過激な反政府運動が頻発する一方、国外では清国とフランスとの間でベトナムの領有をめぐる清仏戦争（〜一八八五年）が勃発するなど、国内外共に緊張が高まっていた。

本田と長沢は初対面の挨拶もそこそこに「一昼夜に亘つて古事記・日本書紀等の難題疑問を考究激論し、（長沢は）遂に（本田）翁に抵抗することが出来ず、深く其卓見博識に畏敬し其門下生となつたのである。時に本田翁は六十二才、長沢氏は二十七才であつた」。

この時の長沢にとっての本田との「一昼夜」の出会いは、本居宣長にとっての「松坂の一夜」を思わせる。たった一度の賀茂真淵との一夜が、本居をして畢生《ひっせい》の仕事である『古事記伝』に取り組ませることになったように。

本田は清水の長沢宅近くに移ったが、後に埼玉県で亡くなっている。

■「頭脳頗る明敏で而も理窟つぽい学理的な人柄」

本田が霊学の道に分け入ることになったきっかけは狐が憑依した少女に出会ったからだが、長沢の場合は一二歳の愛娘である薫子に突如として木花咲耶姫神《このはなさくやひめのかみ》が憑依したことからだった。

「さしたる修行も積まぬ少女にかゝる高級な神霊の憑依することいと疑はし」と感じたことから、長沢による「霊的作用の研究」が本格化することになる。

中野によれば、長沢は「頭脳頗《すこぶ》る明敏で而《しか》も理窟っぽい学理的な人柄」であり、それだけに長沢が霊学を極めるまでの道程には興味深いものがある。

とはいえ本稿の目的は中野の生涯をたどることであり、それゆえ長沢の霊学に関しては、長沢による本田霊学に関する次の一文を記すに止めたい。

親しく其行ふ所を見るに神霊を人に憑依せしむることの自在なること、のみならず又克く無形神懸りの自感に熟したると審神者としては疑はしき憑霊を訊問するの精密にして厳粛なる毫も遺漏なく、邪霊を責罰するに霊縛するの速かなる等、他人の追及する能はざる者なし。此霊妙な神懸りの効用は神霊の儼存を実証し、古今哲学の疑問を解決し、神典歴史の解釈の誤謬を訂正し等、其学術を裨補し、世道人心に寄与する処少なからざりしも、神懸は秘して容易に人に教えざると博覧強記にして玄妙の理に通ずるにあらざれば其蘊奥を窺ふ能はざるとの故を以て之を知る者稀なり。

以上は中野が「長沢先生は本田翁を評して」と断ったうえで記したものだが、これはそのまま長沢に向かった中野の思いに通じているようにも思える。

やはり本田の霊学を長沢が承《う》けて発展・深化させ、長沢が到達した霊学の学問体系を礎にすることによって中野の飛躍があった、ということではなかろうか。

■月見里神社

某日、焼津で中野生家、焼津神社、その周辺での調査を終えた後、中野が三五教を開いた清水に向かった。大通りを折れて直進し、中野が三五教を起こした当時の教団本部の建物を正面に見据え左に曲がり、少しく上り勾配の坂道を道なりに進むと、その先の三差路に挟まれたように月見里神社が建っていた。五段組の石段を踏んで進むと、右手に「月見里／笠森　稲荷神社」と記された案内板がある。

「月見里」には「やまなし」とフリガナが記されているところを見ると、やはり「月見里」は難読ということだろう。月を見るのに遮《さえぎ》る山がないから「月見里」を「やまなし」と説明されれば納得できるが、それにしても「月見里」を「やまなし」とスンナリとは読めそうにない。

案内板には、祭神は神懸りの祖神とされる天宇受賣命《あめのうづめのみこと》と宇迦能御魂命《うがのみたまのみこと》、相殿は猿田《さるた》彦命《ひこのみこと》、久那斗命《くなとのみこと》、速佐須良比賣命《はやさすらひめのみこと》と記され、「約一五七〇年前第十九代允恭《いんぎょう》天皇の御代十三年五月十五日」の創建になる由来が記されている。

月見里神社本殿（著者撮影）

月見里神社の由来が記された案内板（著者撮影）

神殿は、さほど広くはない神域に相応するかのように、たとえば浅草や神田で祭礼に街を練り歩く神輿《みこし》を少し大型にした程度の大きさだが、一切の装飾を排し、たしかに凛《りん》とした佇まいが感じられた。だが今の時代であれば致しかたがないとはいえ、やはり人の気が失せた神域には寂しさが漂うばかりだ。

長沢が霊学探究の拠点とし、中野が焼津から霊学修行に通っていた頃には、さぞや門前市を成すといった風情の賑わいを見せたことだろう。いやピーンと張りつめた清冽《せいれつ》の気が辺り一帯を覆っていたに違いない。

■鏡味はな

一九二七（昭和二）年、四一歳になった中野に転機が訪れる。この年の出来事を中野は次のように綴る。

四十一才の時、はなという愛人が改つた態度で「今まで随分栄耀栄華で過ごしてきたが、この儘でゆけば地獄とやらに落ちねばならぬ。私も苦労する程に苦労しようではないか」としみじみ改心を促された。

この時に限つて、この言葉が胸にひしひしとこたえるものがあつて、魂の中から何か燃え上がるような気持ちがし、長年の迷事が一遍に覚め、一切の事業をさらりと罷め、総ての財産を子分に分け与え裸一貫になつて信仰の道の研究に突入した。

愛人のはなは私の生活や研究の費用迄も、十二年間の魚行商その他、並大抵ではない苦労をして貢いでくれた。

古典、及び霊学の研究に専念した。その頃、感というものがあり、別に霊感という霊的なものとは夢にも知らなかつたが当たり前のことと思つて居つた。例えば「今日は誰がくる」「どこの土地に火事がある」「今年は豊作だ」「あの人はああいつているが本当はこうだ」と思えば思つている通りの結果になつたものである。

中野は、はなの献身ぶりをこうも綴っている。

（真剣になつて信仰の道の研究に入って以後の）私共の生活は苦難其物であつた。私は幼い頃から苦労で苦労を苦労とも思はずに凌いで来たのであるが私の生活や研究の費用まで貢がねばならぬ彼女の苦労は並大抵のものではなかつた。

女の一念岩をも透すとは彼女の事で、経験のない彼女にしてあらゆる困苦に堪え、或は人に雇はれ、或は種々の商売に奔走し、魚の売り歩きまでして男とも女とも判らぬ程に身なりを落して、妻も子もある私の為に苦労してくれたものであつた。

よくも神様はかくも忠実な援助者をつけて下さつたものと今もつて感謝に堪えないものである。前後十八年の長きにわたり私を見取つてくれた彼女も今は早や五十三才、顔に刻まれた苦労の皺は痛ましい程である。

はなの一言が、中野に「天地転動の新生涯に入る奇縁」をもたらしたのである。

以後、多くの「忠実な援助者」を得た中野は、「天地の真理たる惟神の大道を究明せんとして国学を修め、荒木田男爵、水野万年、水谷清等と交つて我国の神典を研究し大石凝真素美の唱へた天津金木・天津菅曾・言霊学等を修め、出口王仁三郎・長沢雄楯両先生にも会つて其霊術の意気に触れ、当時自分の霊覚に照らし自信を以て大救世主の出現を待ち、世界平和を招来すべき事を絶叫したのである」。

とはいえ、これに続き「併し其当時の私の霊学は未熟なものであつた」と記している。この時、中野の霊学修行が始まった。それはまた来るべきオイスカ創設への第一歩でもあったのだ。

第三章　日本

自らの考えを伝えるため、繰り返し講習会を開いた
（三五教旧本部大道場にて）

中野は四一歳になった一九二七（昭和二）年に「事業をやめ、古典、霊学の研究に専念す」ることになる。それまでの生活を捨て新しい人生を歩みだした時の心境を、次のようにも綴っている。

それは私が四一歳の時であつた。当時私は名古屋に鏡味はなという愛人が出来て居つたが、或日彼女は改まつた態度で、「あなたも今までは栄耀栄華で過ごして来たが、このまゝで行けば、あの地獄とやらえ落ちねばならぬ。私とした事が猶更の事、私も苦労する程に、共に苦労しようじゃないか」と、しみじみと改心を促されたのである。

此の時に限つてこの言葉が私の胸にひしひしとこたえるものがあつて、魂の中から何か燃え上がる様な気持がし、多年の迷夢が一遍に覚め、一刻もぐずぐずしては居られぬという気持になつて、一切の事業をさらり罷め、有つ丈の残つた財産を悉く子分に分け与え、本当の一文なしの裸一貫となつて、新しく生まれ更り、真剣となつて信仰の道の研究に突入したのである。

中野は別の場所で、前年の一九二六（大正一五、昭和元）年を「霊智霊覚を得て天与の使命を自覚し古典研究、霊学の研究に没念する」と記してもいる。

「魂の中から何か燃え上がる様な気持がし、多年の迷夢が一遍に覚め、〔中略〕新しく生まれ更り、真剣となつて信仰の道の研究に突入したの」は一九二六年なのか。それとも翌年の一九二七年なのか。

ことの性質上、おそらく中野本人も正確には記憶してはいないのだろう。

だが、確実に言えることは、大正から昭和へと改元される前後から、中野自らが「四月神示により出口、長沢両翁の委嘱に基づき長沢家隣接地に三五教を開く」と記す一九四九(昭和二四)年までの約四半世紀の間に、中野は「配下約三千」を率いた名古屋の建設工事請負業の親分の地位を捨て、三五教の開祖へ――宗教者へと着実に歩を進めたことである。

この間、中野は「古典研究、霊学の研究に没念する」一方で、大本教における実践活動に明け暮れていた。研究と実践の日々が後に三五教に結ばれ、さらにはオイスカとして実現したのである。

これから、この四半世紀ほどの中野の歩みを研究と実践の両面に分けて追ってみようと考えるが、その前に当時の日本、それに日本を取り囲んだ国際社会の動きを振り返っておく必要がありそうだ。

それというのも、中野の研究と実践の日々は激動止まなかった社会と切り離すことができないからだ。加えて、揺れ動いた社会の側から中野の研究と実践に目を向けることで、中野が目指したものが浮かび上がるかもしれない、と考えるからである。

■「ぼんやりした不安」

中野が「真剣となつて信仰の道の研究に突入した」頃、日本は大正から昭和に改元された。新しい時代が始まって束の間の一九二七年には、早くも金融恐慌が発生し社会を混乱させている。

たしかに現代人は、その後の日本がたどった激動の歴史を知っている。そこで芥川龍之介が呟《つぶや》いたとされる「将来に対する唯ぼんやりした不安」が社会の底のほうで音もなく広がり始めたと見なしても決して不思議ではない。

だが現代人の目で当時の世相に「将来に対する唯ぼんやりした不安」を簡単に重ね合わせて納得してしまうことは、やはり危険だろう。それというのも明治末年から大正、昭和を生きた世代の中から、「社会は潑溂と活気に満ち、生き甲斐を強く感じられた。自分が生きた昭和の中で最も生き甲斐があった」との回想も聞かれるからである。あるいは将来に対する不安と希望と活力が交錯していた。これが当時の世相の一般的な姿であったようにも思える。

金融恐慌が発生した直後の一九二七年五月、日本政府は中国の山東省への出兵を決行する。目的は同地に日本が保有する権益を守り、二万人の日本人居留民を保護し、一帯の治安を維持するためである。

世に言う「第一次山東出兵」だが、この時から、日本は中国大陸を舞台に錯綜《さくそう》する内外政治の渦に本格的に関わり、それが様々な形で国内に跳ね返り、社会の動きに影響を与えることになる。

いま、第一次山東出兵から終戦までの四半世紀における主な出来事を年表風に記してみる（次ページ表参照）。なお後に述べることになるが、時代の流れと中野の研究と実践の関係を押さえておく必要から、参考までに中野の主な行動（アミフセ部分）を示しておく。

年	月	出来事
1928	4	第二次山東出兵
	6	張作霖爆破事件
1929	3	大本教入信
1930	1	金輸出禁止、農業恐慌
		水野万年、水谷清に師事
1931	9	満州事変
1932	1	上海事変
	2	満州国建国
	5	五・一五事件
		長沢雄楯に師事
1933	3	日本、国際連盟脱退通告
1934	3	満州国帝政へ
1935	1	天皇機関説問題
	12	第二次大本事件に連座し、京都拘置所に未決囚として収監
1936	1	ロンドン軍縮会議から脱退
	2	二・二六事件
	3	入獄
	11	日独防共協定
1937	7	盧溝橋事件
	10	保釈
	11	長沢の許での修行再開
	12	南京陥落
1938	5	国家総動員法発令
1940	7	第二次近衛内閣（「大東亜共栄圏」建設声明）
	9	長沢から「神法を伝え世界に拡めよ」と申し渡される
	10	長沢、死去
1941	12	日本軍、真珠湾攻撃。対英米宣戦布告。太平洋戦争へ
		仮出所中ながら布教活動
1943	5	アッツ島の戦い
	11	東京で大東亜会議。「大東亜共同宣言」
1945	2	米軍、硫黄島上陸
	6	米軍、沖縄上陸
	8	米軍、広島に原爆投下（6日）
		ソ連、対日宣戦布告（8日）
		米軍、長崎に原爆投下（9日）
		ポツダム宣言受諾（14日）
		終戦の詔、無条件降伏（15日）
		占領軍最高司令官マッカーサー着任（30日）
	9	降伏文書調印（2日）
		第二次大本事件に関し、大審院、治安維持法違反は無罪との判断を下す（8日）

このように事実だけを記し、ザッと目で追っただけでも、中野が研究と実践に明け暮れた時代の日本社会の激動の姿が浮かび上がってくる。これほどの激動を前にした中野の日々の覚悟は、凡人の想像を絶するものであったに違いない。

■「言葉は宇宙を支配するものである」

この時代の中野の日々を知る基本資料に前掲の『三五教開祖　中野與之助略歴年譜』に加え、「中野與之助氏年譜」、「精神文化国際機構総裁中野與之助の経歴とそのおもなる事業」の三種の年譜がある。それぞれには若干の違いが見られるが、それらを勘案・精査して中野の研究時代を追ってみると、

一九三〇（昭和五）年から一九三二（昭和七）年の項――年齢に即して言うなら、四四歳から四六歳――には、中野の「古典研究、霊学の研究に専念」し始めた当時の姿が記してある。

中野は、「水野万年に就き言霊学、天津金木、古事記、日本書紀を研究」し、「水谷清に師事し天津金木学、言霊学、伊勢神宮荒木田泰邦（男爵）に師事して神社祭式、祝詞の研修に務」め、また一九三二（昭和七）年に「清水に霊学の大家長沢先生を訪」ねている。

水野の許での研究は一九三〇（昭和五）年から一九四〇（昭和十五）年までの十年間にわたった。

また、中野は「私は天地の真理たる惟神の大道を究明せんとして国学を修め、荒木田男爵、水野万年、水谷清等と交つて我国の神典を研究し、大石凝真素美の唱へた天津金木・天津菅曾・言霊学等を修め、出口王仁三郎・長沢雄楯両先生にも会つて其霊術の意気に触れ」と、自らが学んだ先人を挙げている。

こう見てくると、これまでも再三にわたって言及している本田親徳、長沢雄楯、出口王仁三郎の外に、水野万年、水谷清、荒木田泰邦、大石凝真素美《おおいしごりますみ》などが中野の研究に大きな影響を与えたことになる。

どうやら中野の生涯を理解するためには、まず中野に注がれた学統を追っておく必要があるようだ。そこで時代を遡ってみると、江戸時代の国学者で本居宣長の師に当たる賀茂真淵が唱えた「五十の音は天地の声」という五十音図神授説に行き当たる。

中野は「言葉は宇宙を支配するものである」と説き、「言葉の使い分けによって、その人の精神が総て鏡にかけて見る如くわかるものである。言葉は神であり生命であり、神の御意思であると我は信ずるものである」と続け、人と言葉と宇宙の関係を次のように読み解く。

人は宇宙の縮図であり、宇宙の音の延長である人の内臓の音と相通じて心が起り、その心に神の御意思を感じて心が音を発し、音は声となり声は語りとなつて言葉となつているのである。

人が日常生活に使いおる言葉は即ち音より出発したものである。即ち宇宙の成り立ちも、人の成り立ちも皆同じく音より出来ているものである。

言葉には言霊（ことたま）と称し、凡ゆる働きが起るものである。

人類は言葉によつて人類同士が相睦まじく、宇宙循環順律を立て、生活しているものである。言葉が無ければ万物も皆逝き去るものである。又天地も逝き去るものである。

言葉は宇宙の神の御力にあやつられているもので即ち神である。実に言葉ほど尊いものはありません。

宇宙の初まりは、総て言葉即ち音によつて構成されているものである。宇宙大精神即ち宇宙御意思というものは言葉をもつて現わすものであつて、形に於ての説明は不可能のものである。

やや長い引用になったが、ここに見える「言葉は宇宙を支配するものであ」り、「人は宇宙の縮図」であり、「言葉は神であり生命であり、神の御意思である」との言葉にこそ、中野の想念の根本が秘められていると考えたい。

■近代言霊学の系譜

加茂真淵に発した「五十の音は天地の声」という考えは、いくつかの系統を経て後世に伝えられた。中野が学んだ学統は平田篤胤、大国隆正、鈴木重胤などを経て望月幸智からその孫の望月春雄こと後の大石凝真素美に至る。

そして大石凝の手によって「大日本言霊」として体系化され、大石凝の弟子の水野万年、水谷清、さらに出口王仁三郎を経た流れが中野に注がれることとなった。

大石凝真素美は「江戸の三大改革」の一つである「天保の改革」が行われた一八三二（天保三）年に、医師の家に生まれている。家は代々、多賀神社と深い関係にあったとも言われる。

当初は家業である医術を修めたが、やがて祖父の志を引き継いで国学に転じ、三〇代半ばに美濃の山本秀道に師事し、晩年は大石凝が修めた学問を全一二巻の全集に体系化した水野万年宅に寄寓し、一九一三（大正二）年に没したとされる。

大石凝の最晩年、中国では伝統文化を否定する新文化運動が始まり、それに起因する「五《ご》・四《し》運動」が一九一九年に発生し、「五・四運動」が起こり、この運動を機に中国は混迷の度を増すことになる。それというのも、古来より中国を支えてきた儒教文化への激しい批判が聞かれるようになったからである。

日本の伝統を「大日本言霊」に求め、本来の日本へ戻ろうという精神文化運動の魁《さきがけ》となった大石凝が没した年、中国では伝統文化への根源的な懐疑・批判が巻き起こり、その後の中国の精神文化の混乱へとつながってゆく。日本と中国の間の、精神文化の伝統をめぐる不思議な因縁と思えてくる。

大石凝の高弟で名古屋で筆墨卸商の大林堂を経営していた水野万年は、その娘の筧尚子の回想によれば「古事記は凡ゆる面で科学的に解釈すれば世界経綸の基として人類を幸福にすることができる」と語っていたとのことだ。

水野の思想は中野に大きな影響を与えたと考えられる。それというのも、『霊界から見た宇宙』、『宇宙大精神』、さらに『神人合一の道』などの著作の随所に、その片鱗が感じられるからである。

一方、水谷は自らが著した『三種の神器』で「清音五十」、「濁音二十」、「半濁音五」ので構成される「七十五音」を配列した言霊学で「真須美の鏡」と呼ぶ図表を示し、それぞれの音も持つ意味と音が発する力を詳しく解説した後、「音は即ちコトバの根元であつて、コトバは即ちミコト（命、尊）であるから、この七十五音の『真須美の鏡』は神の根元であらねばなりません」と続ける。

ここにも、中野の言葉に対する考えに与えた大石凝からの影響を認めることができるだろう。

だが、考えてみれば水野であれ水谷であれ、その師である大石凝の言霊学を受け継いでいるわけである。

ならば水野、水谷の両者を通じて大石凝から授けられた学問が中野に伝えられ、中野の五体にシッカリと納まったとしても決して不思議ではない。

また中野が神社祭式・祝詞・伝統神事を学んだ荒木田泰邦男爵は伊勢神宮の内宮奉祀家・祠職家で、一説に同家は垂仁天皇の創祀以来、神宮への奉仕を継続しているとのこと。だとするなら、中野が定めた三五教の祭式様式を遡れば荒木田を経て伊勢神宮に連なっていることになる。

■「この霊声を総て一言に熱と言ふなり」

大石凝は『天地茁貫の極典』、『言霊の巻』、『天津金木極典』、『大日本国語極之説』、『古事記神秘の正説』、『真訓古事記』などの著作を残しているが、そのうちの『天地茁貫の極典』を基に大石凝が体系化した言霊学の大まかな姿をとらえておきたい。

「茁貫」の二文字は「はえぬき」と読み、「茁夊貫き」とも綴る。「茁」は植物がすくすくと生長する姿、転じて逞《たくま》しく丈夫な姿を意味する。

「大石凝先生の御研究は大変難解な面がございますので」とは、前掲の筧尚子の説くところだが、たしかに難しい。その難しさを承知の上で読み進むと、『天地茁貫の極典』の説く想念の世界が立ち上ってくるのを覚える。

大石凝は「至大天球」と記して「タカマガハラ」と読ませ、「この至大天球が未だ成りたゞざる以前《マヘ》」の状態を、「唯《タダ》至大《ヒロギ》浩々《ヒロギ》而《テ》氤氳《ススロ》ぎたる極微点《コゴコ》の神霊分子が撒霧《サギリ》に撒《サ》霧《ギリ》而《テ》至大《カ》浩々《ガ》霊々《ダ》湛々《タ》兮る、極微《ゴゴ》点分子《コ》が玄々《ク》漠々《グ》妙々《ジ》兮《タリ》、漂々《ケ》点々《デ》烈々《デ》兮、〔中略〕

責《セ》々塩《ゼ》々兮《タリ》、赤《ヒ》々炭《シ》々止《ジ》々兮《タリ》焉として万性を含有し極乎として純々兮」と記す。

続けて「この霊声《コエ》を総《スベ》て一言《ヒトコト》に䉤《ス》と言ふなり」と説く。どうやら「霊声」とは至大天球が生まれる過程で「氤氳ぎたる極微点の神霊分子」が発する音を指すと考えられる。

さらに「故にこの䉤《ス》声の言霊《コトダマ》を誠に明細に説き定むる時は、世界一切の極元の真体をも其の成り立ちの秩序をも億兆万々劫々年度劫大約恆々兮《オホツナタル》大造加の真象をも逐一明かに、資《ト》り得らるゝなり」と。

なにやら難しい漢字が続き、それぞれが大石凝独創の読み方をしているが、ここまでを誤解を恐れずに解釈してみると、無限に広がる撒霧の中で躍動する「極微点の神霊分子」が発する音が「世界一切の極元の真体」につながる。それらの音が「霊声」となる。

だから「䉤声の言霊」を極めれば「億兆万々劫々年度劫大約恆々兮大造加の真象」、言い換えるなら宇（空間）と宙（時間）とを統べる広大無辺の世界の仕組みを「逐一明かに」することができるはずだ。

■「○は天球なり●は地球なり」

大石凝の説く「天地茁夗貫《はえぬ》きの極典、即ち神祇の極典」を繙《ひもと》いてみたい。

至大天球が生成されるまでに「極微点の神霊分子」から発せられた「霊声」は「埶」、つまり「ス」の音に集約される。

そこで「蓋し『ス』の言たるや⦿《ス》にして⦿《ス》なるが故に既に七十五声の性霊を全備して、純乎として各皆其の真位を保ちつゝ有るなり」となる。

じつは「此の⦿《ス》字は埶《ス》声をならす息の形象」で、「○は天球なり●は地球」とされ、「実に天球地球を挙げ見はしたる字也。復た○は口の総体なり。中心の星は息が口の中心に集会結晶したる形なり。論より証拠試みに⦿と謂ふて考へ見るべし。実に口中⦿の如くなる」わけだ。

どうやら「⦿」で現される「『ス』の言」に「極微点の神霊分子」が「集会結晶」し、それを極めることで「世界一切の極元の真体」に近づくことができると考えてもよさそうだ。

オイスカ（ＯＩＳＣＡ）は中野が掲げた理念を「ＯＲＧＡＮＩＺＡＴＩＯＮ（機関）＝オ」「ＩＮＤＵＳＴＲＩＡＬ（産業）＝イ」「ＳＰＩＲＩＴＵＡＬ（精神）＝ス」「ＣＵＬＴＵＲＡＬ（文化）／ＡＤＶＡＮＣＥＭＥＮＴ（促進）＝カ」で現し、それぞれの頭文字を統べているが、あるいはオイスカの「ス」には大石凝の説く「『ス』の言」、つまり「⦿《ス》」が秘められているようにも思えてくる。

いや、そう考えるほうが中野の想念や事業の、言い換えるなら全生涯の本質を捉えられるのではなかろうか。


「夫れ世の物事の一切は挙て尽し、至大天球之中《タカマガハラ》の一つに止る也」とする大石凝の考えを、もう少し見ておきたい。

大石凝によれば、「至大天球の一つをさへ明細審密に調査し吟味すれば此大造化の真《マコト》も人事一切の事柄も皆悉く羅列して此の至大天球の中に含蔵して居る」。「億兆万々劫々年度の履歴をも写真に含蔵し居る」だけではなく、「億兆万々年幾々万々契約の後の世の暦をも業既に保ち居る」ことになる。

だから「古の大聖人は皆々至大天球中を測量して其真を取り採り資らむと欲して種々に尽力しけるも未だ会て成功を遂げたる人無し」なのだ。

「測量して其真を採り資」ることができないから、「此の至大天球を想像観念して太極」とか「門」「谷」「如意輪」「阿」「智恵光明」「実相真如海」などと形容し、「想像憶度理想を巧みに尽したれども」、とどのつまりは「其極」、つまり実態に迫ることができなかったのである。

そこで大石凝は「天津金木《アマツカナギ》」と「天津菅曾《アマツスガソ》」と呼ぶ二種の秘儀を以て、「至大天球中を測量して其真を採り資らむ」とする難事業に挑んだ。

その難事業を中野は受け継いだ。三五教からオイスカへつながる中野の試みは、あるいは大石凝が到達した「至大天球中を測量して其真を採り資らむ」とすることの新しい展開と言えるのかもしれない。

■「人は宇宙の縮図」

中野は「言葉の働き」には「総ての事情を明らかに表言（言によつて表現）する使命があり、「宇宙造化の音声を心得て言葉を活用する時は善言美詞となり」と説く。おそらく「宇宙造化の音声」が大石凝の説いた「霊声」に通じるのであろう。

「言霊より出でたる言葉には霊の賦与のあるもので、厳粛にして謹んで使うもので、これによつて宇宙神意に通ずるものであり人類は幸福の道を求めることができるのであります」と語った後、中野は「あおうえいという五文字」を「五大母音」として提示する。

では、五大母音とはなんなのか。ここから、中野言霊学の一端を知ることができそうだ。

あーと言う音によつて神霊元子が集まつて来た。その元子の働きでおの音が起り、おは大きく働き出すと凡ゆるものを起こすと同時にうの声が起こり、うの声は体的となりて凡ゆるものの活動によつて宇宙が出来て、宇宙は栄えとなり、それは栄のえで、えーと栄えて来た時に陰陽即ち大気が起こりていの声が起つた。いが起ると時にいの働きは大気即ち空気を誘い誘いて、その働きにより万物を生んだ。

五大母音は、神霊元子が基となつて凡ゆる物を生みなしたものである。その母音はあおうえいとなつて凡ゆる物を生みなしたものである。

あの声が基となりて言葉は皆神霊元子によつて出来ている。人の肉体も神霊元子の結晶によつて出来ているものである。又言葉によつて人が働くのは神霊元子の力である。

さらに続けて、「あおうえいという五文字の中に人が現れて生まれたまでの説明がある」だけではなく、「宇宙もその通りである」。そこで「人は宇宙の縮図」となるわけだ。

これを要するに人と宇宙は同じく「五大母音」に律せられて生まれたと解釈するなら、

じつに不思議なことが起きてくる。

それというのも、生命を成り立たせている主要元素は宇宙でいちばん多く認められる水素、炭素、窒素とのことだから、飛躍して考えるなら生命と宇宙は同じ生きものであり、とどのつまりは「五大母音」と水素、炭素、窒素の元素を仲立ちにして中野の「人は宇宙の縮図」という根本思想に行き当ることになるからだ。

どうやら近代科学から見れば〝神秘〟の領域に押しやられるに違いない言霊学と、近代科学を成り立たせている根底の元素――互いに相交わることなどありえないはずの両者ではあるが、意外な相関性が認められそうだ。

大石凝が「唯至大浩々而氤氳ぎたる極微点の神霊分子が撒霧に撒霧而至大浩々霊々湛々兮る、極微点分子が玄々漠々妙々兮、漂々点々烈々兮、〔中略〕責々塩々兮、赤々炭々止々兮焉として万性を含有し極乎として純々兮」と説き、中野が簡潔に「宇宙造化」と表現する混沌《こんとん》とした状態から、「音」を聞き分けるのか、それとも元素を取り出すのか――その違いはあれ「至大天球」、つまりは宇宙の仕組みを解き明かそうという願いは同じだと思えるのだが。

ここで、二〇世紀を代表する天才物理学者の一人で、二〇二〇年のノーベル物理学賞を受賞したイギリスのロジャー・ペンローズと共に研究を進めた、アメリカ・アリゾナ大学意識研究センターのスチュアート・ハメロフ所長の次の発言に注目しておきたい。つまり「人が普通に生きている状態では〝意識〟は脳の中に納まってい」るが、「心臓が止まると、意識は宇宙に拡散」する。かくて「私たちはみんな宇宙を通してつながっていると考えられる」というのだ。

■中野にとっての「宗教」

中野は後に三五教を開くことになるが、「教」と名付けてはいるものの、どうやら中野の唱える「教」は一般の宗教とは異なるらしい。

では中野にとっての宗教とは、どのようなものなのか。宗教を次のように説いている。

宗教は神の御稜威に対し奉りその御功徳を誉め讃えその大精神を精神的に解釈して道を明らかにせんとするものである。

天地火水の四資源というこの神のお働きは人類の生命の支配者であり大なる功徳あり。天賦的に人類に使命あり、人類は天恩に感謝を以て神の御意思の基に生活を営むべきものである。
宇宙の大御親の御意思に基いて人類は一体として人種を問わず国籍を問わず宗教として人類を一律平等に導くべきである。

「御稜威」「御功徳」「大御親の御意思」などの文字を見せつけられると、身構え、畏《かしこ》まってしまう。

だが、これを言い換えるなら「人類は一体として人種を問わず国籍を問わず」して「神の御意思の基に生活を営むべきものであ」り、そのように「人類を一律平等に導く」ことこそが中野が唱える「宗教」となる。

「神の御意思」の「神」を宇宙の運行を掌《つかさど》ってきた仕組みと考えれば、どうやら中野の説く「宗教」はオイスカと読み替えることができるはずだ。大胆に過ぎる推論と言えるかもしれないのだが。

中野は「私の言ふ宗教は決して今日一般人士が観念する宗教ではな」く、飽くまでも「宗教は宇宙を基準としたものでなくてはならない」とし、自らが考える「宗教」について著作の中で様々に表現し論じている。

いま、『霊界から見た宇宙　二之巻』を一例に見ておきたい。

・人は大自然の御功徳によつて生を繋ぐもので、この功を説くを宗教と言うのである。（一三九頁）

・人間だけでなく万物にとつても神の功は実に偉大なものであり神のお力によつて生を繋ぐものである。故に宗教と言うても自己心にて作つたものは宗教とは言えません。（一四〇頁）

・宇宙の天地万物を説くものでなければ真の宗教とは考えられない。（一四〇頁）

・宗教は人の生命の根元なるを明らかにすると共に大御親の御心を汲み取らんと計る宗教として導く時を道と言う。（一四一頁）

・四資源の極徳を万人に導くを宗教と言う。（一四二頁）

・天地火水の理を宗教と言う。（一四三頁）

・天地万物、天火水地の理を精神的に教えるを宗教と言うのであつて、個人に何やかやと轡をかけ信条を作り上げ個人を支配するものは道徳教と言い神の御意思でない事がよく判る。（一七一頁）

・神の御教が宗教なのであつて神に要求し神に頼む事は宗教ではない。（一八三頁）
・神の教が宗教であるから病気癒しをするは宗教ではない。（二〇二頁）
・天地万物という此の真理即ち神のお働きを導いていくを宗教とい丶、神を人間が祀る、人間と神の祀り合せを祭と言う。（二三六頁）
・真の宗教は天地火水を説くべきものである。日あつて明りを射し、宇宙が明らかとなりて始めて宗教が生まれたものである。（二九六頁）
・宗教とは神の御意思を受け取り、神の子である人類はお互いに神意を明らかにせんとするものであつて、宗教は一つの専売特許のものではない。（二九七頁）
・宗教は人類と言う立場、宇宙と言う立場に於て教義を立て丶行くべきである。（三〇七頁）
・人種国境を問わず一律平等の力を以て神の御意思を汲み取りて教をするを宗教と言う。（三〇七頁）

――ここに挙げたわずかな例からも、中野の唱える宗教が「個人に何やかやと轡《くつわ》をかけ信条を作り上げ個人を支配するもの」ではなく、また「病気癒しをする」ようなものでもないことが分かる。

「病気癒し」を例に、「信仰」に関連して中野は、「自分の病気を治したく神に祈りを上げる、これは信仰ではありません。自己心を起し、自己に満足を与へよと云ふもので、本来の信仰のものとは違ふので神に通じておらぬ」と説く。

誤解を恐れずに読み解くなら、中野にとっての宗教とは「人種国境を問わず一律平等の力を以て神の御意思を汲み取り」、「神のお力によつて生を繋ぐもの」。つまり「人種国境を問わず一律平等の力を以て」「生を繋ぐもの」だが、それには「神の御意思」と「神のお力」が必要となる。

では、中野にとって「神」とはなにか。

■神と科学と宗教

中野は「この神と申し上げるのは、この人類界に於て尊きものに対し敬称の言葉を神と言う」。「神と言うのは一つの働きの事であ」り、同時に「人は神の容れものであり、神の宮である」と説く。

また「宇宙実体の大精神の体は至大無外、至小無内にして在るところなきが如く在らざるところなきが如し。これを言い現す方法がなく無理に現すならば全大宇宙の大空を指すものであり、これが神の御神体である」とする。

であればこそ「宇宙の縮図」であるがゆえに、「人は神の容れものであり、神の宮である」と理解していいのだろう。

では、その人だが「総て己は何者かと理解するには宇宙の神の御意思を知つて、始めて相判るものである。これが人間一人の完成となるべきものであり、又神のお力ある事を信じて天意に従い天恩に感謝の心が起き、肉体を以て行動する時は人を以て神と言う」ことになる。

じつは「現世を神世と称うるは我が肉体と宇宙の御意思とを照り合わして考えれば、真に以て此の天意が判りかけるものであります」。ということは「我が肉体」を「宇宙の御意思に照り合わ」すことができた時、人は神の域に近づくことができるはずだ。

だから、「宇宙に生まれた人類は神の御意思に基づいて宇宙の御意思に副つていくべきである。これが人類の本分であることを明らかにしなければならぬ」と、中野は説く。

そして、「人類が理窟の世界を造り、言いたいことを言い個人知識をもつて宇宙に活動する」ことを強く諌《いさ》める。それというのも「智者学者」に大いなる欠陥を認めるからだ。

「今日の智者学者」について、中野はこう捉える。

智者学者にたよつて行けば人間知識による教なるため暗黒・争いの世界へ導くこと、なり、実際において今日は全人類を死出の山につれて行かんとしている。

今日の智者学者は自らの智慧によつて自らを壊す結果となつている。理窟ばかり言つて自分の学ばかりにとらわれて学力がない。宇宙の大なる力と人間の学問を合わせて、学力と言へるのであります。

だが、だからといって中野は「今日の智者学者」による科学知識・技術を否定しているわけではない。むしろ宗教と科学を切り離してはならないとする。

「宗教家に於て現代の科学を批判する者もあるが、科学と信仰とは相離すべきものではなく、「宗教は科学と離れて宗教無し」と考える中野は、科学と宗教の関係について次のように考える。

科学も宇宙実体を見極めると言う所迄進まなければ科学の生命は無い。宗教家も精神的より科学の実体を知りて始めて宗教家となるべきものである。又宗教家は科学を知らざれば宗教の道を乱用する事がある。

科学者も宗教的精神を汲み入れなければ、科学を人間知識によつて乱用するものである。宗教的、精神的、神の力をもつて宗教と科学を相結んで人類は正しき道にあるものである。

この発言に中野の科学観・宗教観の一端が顔を覗かせているように思われる。だが、「宗教を精神的に司るには、此の世の中のありと凡ゆる事を理解しなければならぬ。又科学を理解しなければ宗教家の一人では無い」し、「宗教家は科学を知る事によつて宗教家の地位を保つことが出来るものであります」と、宗教家であればこそ科学の重要性を深く知るべきであると主張する。

■第二次大本事件

大正から昭和に改元された一九二六、七年前後を起点に「古典研究、霊学の研究に専念する」ことになった中野の思索の姿を、中野の主著である『霊界から見た宇宙（全十巻）』

と『宇宙大精神（全三巻）』を読み解きながら追ってみた。

先に挙げた三種の年譜の行間からは「古典研究、霊学の研究に専念する」日々が感じられるが、一九三五（昭和一〇）年になって第二次大本事件が発生し、それに連座して身辺が慌ただしくなる。

年譜に当ってみると、

・一九三五（昭和一〇）年　四九歳

一二月の大本教第二次弾圧事件に連坐し、幾多の拷問を受け、京都拘置所に未決収監され、その間に仏典の研究をなす。

六ヵ年に亘る公判廷に於て、出口聖師より休憩時間を利用して霊学を学ぶ。

・一九三六（昭和一一）年　五〇歳

三月二七日入獄。

・一九三七（昭和一二）年　五一歳

一〇月保釈出所。
一一月清水に長沢雄楯翁を訪ね、爾後同翁昇天さるるまで一日もたゆまず焼津の自宅より清水に通い、霊学を研究し、鎮魂の修行をする。鎮魂帰神の霊学につき師事研究し、長沢先生は五十六年に亘る研究の蘊蓄を悉く伝授して下さる。

・一九四一（昭和一六）年　五五歳
焼津に於て仮出所にも拘わらず方々を秘密宣伝した。

・一九四五（昭和二〇）年　五九歳
大本事件に関しての罪状は終戦後の措置により無罪となつた。

中野は一九三六年三月の入獄からの「当時の独房二ヵ年半の拘留生活こそ、私をして今日の私たらしめた天与の心身修業・霊性修練の大道場であり、最適の期間であ」り、この間、拷問を受けながらも辞書を頼りに大般若経を読破し、仏教研究を進めた——と回想している。

中野は年譜に「大本教第二次弾圧事件」と記すのみに止めているところから判断して、権力による「弾圧」と見なしていることは間違いないだろう。だが、その詳細を語ることはなかった。

では、どのような「弾圧」だったのか。

前章で見た川村邦光『出口なお・王仁三郎』は、「一九三五（昭和一〇）年一二月八日未明、二度目の大本弾圧が開始された。皇道大本総裁・昭和神聖会統管の聖師王仁三郎、その妻で二代目教主のすみをはじめとし、六一人が治安維持法違反、不敬罪で検挙されて起訴され、内務省は大本関係八団体を結社禁止として解散させた」と記している。

かてて加えて「教団の神殿や施設はすべて破却され、土地も〔中略〕安値で売却させられた。地上から大本を抹殺しようとする勢いだったのである」。

ここでは事件を語ることが本意ではない。だが、その後の中野の日々を考えた時、事件が与えた影響は決して小さいものではなかったと考える。ゆえに、概要を記しておく必要はあるだろう。

事件そのものは当局の事前の布石からはじまり、発端以降の当局の対応、加えてニセ情報を交えたマスコミの過剰なまでの煽《あお》り報道まで、一連の流れは一九二一（大正一〇）年に起こった第一次大本事件と大差はない。

だが、今回の容疑は国体を危機に陥れるあらゆる活動を取り締まる目的で一九二五（大正一四）年に制定された治安維持法違反だった。言わば大本教という宗教団体が、共産主義者や社会主義者と同じ反国家団体と見なされたことになる。

あるいはこの事件の渦中で、中野は過度の政治的振る舞いの是非を深く考えたのではなかったか。いや、そう考えることで三五教開教からオイスカへの道のりが理念的に捉えられると思う。

宗教的な「世直し・立て直し」が、その時々の変化する社会情勢において、時に極めて大きな政治的衝撃を社会に与えかねない。だが、それは中野の唱える「世直し・立て直し」とは違う。

「世直し・立て直し」は政治ではない。それを政治によって、力ずくで、あるいは熱狂のなかで実現させることは不可能だ。また、そうすべきではないだろう。

やはり人類を一体と見なし、「人種を問わず国籍を問わず宗教として人類を一律平等に導くべきである」こと。それが中野の目指した「世直し・立て直し」ではなかったか。

■治安維持法違反に当たらず

事件を審理した京都地方裁判所は一九四〇（昭和一五）年二月二九日に判決を下した。その判決書を見ると、中野は「被告人出口王仁三郎、木下愛隣」に次いで三番目に名前が記され、「治安維持法違反並不敬」が問われ、「懲役参年六月に〔中略〕処」せられている。ちなみに出口は無期懲役であった。

二年後の一九四二（昭和一七）年七月三一日、大阪控訴院が判決を下した。判決書を見ると京都地方裁判所での審理と同じように、中野の名前は「被告人王仁三郎、愛隣」に次いで三番目に置かれ、「治安維持法違反並不敬」が問われている。最高は出口の「懲役五年」で、中野は二番目に重い「懲役壱年六月」とされているところからして、大阪控訴院は事件における中野の役割を重視していたということだろう。ただし治安維持法違反のみの者は無罪となり、不敬罪のみが問われたことになる。

大阪控訴院に水野万年は「鑑定人」として出廷している。水野を含む鑑定人や数人の証人に支給した費用への支払いは出口や中野が支払うよう命じられた。この時、水野が法廷でどのような鑑定をしたのか。第一次大本事件の大審院における長沢の鑑定と比較できたなら興味深いのだが。

出口ら被告側も検察側もこの判決を不服とし、出口らは八月二日に、検事側が三日後の八月五日に、それぞれ上告した。

裁判の最終判断を委ねられた大審院は、終戦直後の一九四五（昭和二〇）年九月八日に二審での判決を下し、検事による治安維持法違反に対する上告（原審の大阪控訴院では無罪）と、出口や中野らによる不敬罪違反に対する上告（原審の大阪控訴院では、出口は懲役五年、中野は懲役一年六月）が棄却された。

ほどなく大赦令が公布され、不敬罪の有罪判決も解消されることになる。

一連の裁判の過程で、どのような思いを抱いたのか。中野の心中、あるいは宗教に対する覚悟にどのような変化が起きたのか。あるいは起きなかったのか。

改めて年譜を見ると、一九四一（昭和一六）年に「焼津に於て仮出所にも拘わらず方々を秘密宣伝した」。そして一九四五（昭和二〇）年に「大本教事件に関しての罪状は終戦後の措置により無罪となつた」と記すに止めてある。

■長沢の元での修業

一九三七（昭和一二）年一〇月に保釈になるや、中野は清水の長沢雄楯の元に向かった。

その時の様子を中野は次のように回想している。

其後或事件に関して重ねて長沢先生の門を叩くに及んで、本田霊学の精緻を極め比類ない権威を持つものなる事を知ることを得た。時は昭和十二年の晩秋、先生は齢已に八十才に達して居たが、霊学にかけては元気壮者を凌ぐ慨あり。又何か頼む所あつてか、連日朝から晩まで一日も休まず、異常な熱情を傾けて、先生五十六年に亘る研究の蘊蓄を悉く伝授して下さつたのである。

おそらく、ここに見える「或事件」が第二次大本事件を指すものと思われる。第二次大本事件の発端から「終戦後の措置により無罪」になるまでの一〇年間は、「或事件」のたったの三文字で言い表すにはあまりにも複雑で陰影に富んだ時間が流れたはずだ。あるいは一〇年間の葛藤《かっとう》の一切を漢字三文字に込めて、中野は新たな旅立ちへの並々ならぬ決意をしたとも思えてくる。

こう想像することが許されるなら、「或事件」の三文字は個人としての中野にとってだけではなく、三五教、さらにはオイスカにとってもあまりにも重い三文字だと見なすことができるはずだ。あるいは「或事件」が三五教でありオイスカの出発点であるとは、飛躍が過ぎるだろうか。

中野が長沢の許で霊学を学ぶことになったのが一九三二年だが、ことに熱心に学んだのは一九三七年一一月から長沢の死の一九四〇年一〇月までの三年ほどだった。

中野によれば「(長沢) 先生は極めて無造作のお方」であったが、「私に対しては言葉はやさしいがとても厳格なものであつた」。以下、『宇宙大精神　中巻』に基づき三年ほど続いた中野の修業の日々を描いてみたい。

毎朝午前七時二〇分焼津発の汽車に乗ると、長沢宅に着くのは八時半頃。早速、長沢の前で正座して講義が始まる。暑い時など羽織を脱いでいると、「中野さん、神様は羽織を着てチャンとして坐った方が喜ばれます」と、一言がある。

時に袴を脱ぎたくなった時、あるいは足が痛くて胡坐《あぐら》をかこうとする時、「中野さん、神様はチャンと正座を喜ばれます」。これでは姿勢を崩すわけにはいかない。時になにげなく机に手を置くと、「中野さん、手は叉手と言って膝の上にチャンと組んで座ると体がシャンとして好いものです」と、ピシャリ。

うつらうつら眠くなり思わず机の上に顔を伏せていると、「中野さん、いまお話しした事について一つ感想を述べてくれませんか」。これでは一瞬の気の緩みも許されなかったはずだ。

「毎日々々こんな風で、清水駅を午後九時頃の汽車に乗って焼津の駅に帰つたものである。後には二日に一度三日に一度位お伺いして教を受けたのであるが、二年半というものは毎日同じ様な日課をくりかえした」とのことだ。

「そのお蔭で長沢先生はすっかり自分の御研究になつた所を私に伝授して下さつた」のである。

かくして中野は、本田から長沢に受け継がれた学統の正式な継承者となった。この時の前後の事情を『三五教開祖　中野與之助略歴年譜』は次のように綴っている。

（一九四〇年に八三歳で）御昇天になる一ケ月前、九月十六日に主要なる門弟と弁護士（神戸の小山昇氏、大阪の三木善建氏、東京の富沢効氏、三島の根上信）の立合の下に、先生は「私が理学、哲学、地質学、天文学、医学等凡ゆる学問と霊学とを比較研究しましたら、霊学は他の追従を許さないものだと確信を得ました。霊学は万学の基である」と霊学の講義を聞き後、先生は「中野さん、これで私が本田先生から授かつた神法と、私が五十年間研究した鎮魂の神法は悉く言い尽したから、霊学に於て世界に右にも左にも出る者はないという自覚をもつて、正しき人々にこの神法を伝えて世界に拡めて下さい」と仰せられた。

ここに見える「神法」が本田から長沢に伝えられた学統ということになるのだろう。

■受け継いだ学統

中野は「先生は昭和十五年十一月九日享年八十三才を以て御昇天になつたが」とした後、学統継承前後の事情を『宇宙大精神　中巻』に、次のように綴っている。

死期を悟ったのであろう。長沢は中野に「本田霊学の正統を嗣ぐ様」に伝えると同時に、「他の重立つた門弟にも諒解を求めた」。これに対し中野は「私の半生を考え且つ無学の故を以て固く辞退した」そうだ。

長沢の求めに応じて中野は、自らの経歴について「恥ずかしながら有りのまゝの事を申し上げた」。すると「(長沢)先生は『それでよいそれでよい、神様は此学統をつぐ人は左様な方であると予ねて御示しがあったのだ』と言われ」、かくして中野は「改めて重なる弟子及弁護士立会の席で引継の誓をした」のである。

ところが中野が受け継いだのは本田からの学統だけではなかった。それが中国の世界紅《こう》卍《まん》字《じ》会《かい》との連絡である。

世界紅卍字会とは一九一〇年代後半に中国の山東省で生まれた道教に基づいた民間の相互扶助団体が前身で、組織の拠点である道院を軸に教育、厚生、生活保障などを事業としている。一九二二年に山東省で政府公認のもとに発足し、日中戦争に際しては時に赤十字よりも広範な働きをしたとも言われる。

先に挙げた『三五教開祖　中野與之助略歴年譜』には、世界紅卍字会に関連して、次のように記されている。

同年（一九四〇）中国世界紅卍字会と連絡。この吉報を聞き喜んで長沢先生は他界（十月十六日死亡）なした。

十月世界紅卍字会満州総会と連絡す。

十二月世界紅卍字会北京総会及び済南導（著者注：「道」の誤記か）院と連絡が付

いた。

唐突に世界紅卍字会が登場してきて不思議に思うが、これには伏線があった。最晩年の長沢の依頼である。その間の経緯を中野は『宇宙大精神　下巻』に詳細に綴っている。いま、それに基づき一連の経緯の概要を綴っておきたい。

長沢から「四十年前の神示による世界紅卍字会との連繫を遂げ」るため、「満洲国侍従武官長張鵬将軍を訪い」て欲しいと依頼された中野は、腹心の根上信（後の三五教会長）を満洲に派遣し、満洲国侍衛処長の工藤忠を介して張将軍との面談に成功する。

帰国するや、根上は長沢から北京の紅卍字会中華総会への参拝、済南の母院詣でを命ぜられるが、折よく来京中の工藤に「旅行許可書」入手に関し配慮を求める。工藤の手配によって、天皇陛下への拝謁のために来日した王輯唐（日中戦争時の親日派要人）の通訳を担当する林出賢次郎（駐華大使館一等書記官、世界紅卍字会会長）の手を経て「旅行許可書」が入手できた。

中野は以上を伝えるべく清水の長沢の元に赴くと、「八十三才の老齢で臥床中の先生は手を打つて喜び『それでよろしい神示の時人名は言はれないが日本人で紅卍字会の人が仲介するとの事であつた』と語られた」。

林出は帰任後、直ちに「旅行許可書」を中野の許に送付している。

根上は林出の紹介で世界紅卍字会済南本院および同会北京総院を訪問し、「道院並びに紅卍字会との神約のままに堅く手を結び合つたのである」。その後、中野は林出を介して同会と緊密な連絡を続けてきた。

ところで林出は敗戦を機に郷里の和歌山に帰るが、一九四九（昭和二四）年から四年ほど中野の元で世界紅卍字会との関係の基礎固めを果たしている。

その後、蔣介石政権に伴って世界紅卍字会も台湾に移っているが、中野は同会との関係を重視していた。長沢の依頼を受けたとはいえ、なぜ中野は世界紅卍字会との連携に熱心に取り組んだのか。

おそらく「私の知つてゐる限りの霊学は悉く貴殿（中野）に教えたから、どうか、この万学の基である正しい霊学を世界に拡めて頂きたい」との長沢の〝遺言〟にも近い希望と、「万教帰一」「万教同根」という宿願とが中野を突き動かしたのだろう。

■子どもを守れ

一九四一（昭和一六）年の仮出所から一九四五年の終戦までの間、中野は「時恰も時局艱難、人の往来も自由ならざる時代が続いた」と記すのみ。時局に対する考えは、『霊界から見た宇宙（全十巻）』、『宇宙大精神（全三巻）』には見当たらない。

だが、だからといって無為に過ごしていたわけはないだろう。極めて厳しい社会生活の中でも〝来るべき日〟への備えは着々と進めていたに違いない。

中野の最晩年の弟子の一人である黒野吉金は私家版の『求世天使「中野與之助翁大聖事業」大探求』を著しているが、それに従って「時局艱難、人の往来も自由ならざる時代」の中野について見ておきたい。

中野は水野万年と共に東京の政界・軍首脳の招きで上京し、上野の精養軒などを会場に国学について講演をした。

その際に知遇を得たと思われる安藤紀三郎陸軍中将（大政翼賛会副総裁・東条内閣内務大臣など）に対し、中野は開戦時に「本土は空爆され、悲惨な姿が見える。早期の終戦に加え、国家の将来を担う殊に都市部の青少年学徒の疎開を早急に実現されたい」と申し入れている。

これに対し安藤は「帝国陸海軍の強さ」をあげて一蹴。これに中野は「ならば日本の上空に金網でも張り巡らせ、一機といえども敵機の侵入を防ぐ自信ありや」と反論するのであった。

安藤は東京裁判で戦犯となり巣鴨プリズンに入獄。一九四八年に保釈されると、中野の元を訪れ、自らの非礼・不明を詫びると共に、以後の身の処し方を尋ねている。

その際、中野は安藤にしかできないこととして、「国家に生命を捧げながら家族の待つ故国に帰ることが叶わず異国に眠る英霊がいる。一日も早い国家事業として遺骨収集と慰霊事業の早期実現」を要請している。

あるいは後の一九五三（昭和二八）年七月に、日本宗教連盟によるアッツ島戦没者慰霊への動きも、この時の安藤に対する要請に起因するのかもしれない。

それにしても、である。この時、中野の要請を政府・軍部が素直に受け入れ「国家の将来を担う殊に都市部の青少年学徒の疎開」が実現していたなら、戦後復興は実際とは違ったコースを歩んだに違いない。

理想に過ぎるだろうが、あるいは文字通りの自主独立が貫かれ、敗戦から七〇年以上が過ぎてもなお「永続敗戦」などと自虐的で自嘲気味に語られるほどに無様な姿を曝《さら》すこともなかったのではなかろうか。

中野の慧眼《けいがん》に改めて敬服するばかりだが、それに引き換え、あまりにも対照的な安藤の驕慢《きょうまん》と短慮を惜しむ。いや憎むしかない。

■〝約束の地〟と三五教開教

一九四五（昭和二〇）年八月一五日、連合国に降伏し、長かった戦争に終止符が打たれた。その時から四年が過ぎた一九四九年四月四日、中野は自ら教主となり、静岡県清水市（現静岡市清水区）に宗教法人三五教を開き、以後、大道場をはじめとする関連諸施設を建設する一方、教務図書などの出版を通じ教義の普及に乗り出した。

開教前後を中野は次のように語る。


　宇宙大精神を身におさめ、万教帰一と救世主出現を前提とする世界恒久平和の招来を叫ぶ私の主張は、時勢の進展につれて加速度的に共鳴者を増し、宇宙教たる本領をもつて、この主張の実現を計るべき基礎が出来たので、大道場の必要を痛感し、昭和二十四年四月四日、神示に基づき宗教法人三五教を結成して神縁の地、清水玉の井の里に世紀の殿堂を築き上げたのである。

時あたかも開教の神示ありてより丁度五十年目に相当し、今更ながら神業の神秘を感得せざるを得なかつたのである。

大道場の工事過程は、先ずこの因縁の地に五十年前に作られた石垣を修理し、それと併行して建築を進め、同年十月十七日目出度完成したのである。

おそらく、ここに示されたすべてが三五教に対する中野の思い、願い、その理想を物語っているだろう。

ところで「清水玉の井の里」は、なぜ、「神縁の地」なのか。その事情を中野は次のように語る。


（開教より約五〇年前）霊学中興の祖、本田親徳翁の衣鉢を継ぐ霊学研究家として世に知られた清水の長沢雄楯翁が審神者となり門下の上田喜三郎氏が神主となつて宇宙大霊が神懸かりなされたとき「今より五十年後神は此の地（現三五教国際総本部所在地）に世界的の宗教を開く、この宗教はあなない教と言ひ三五と書いてアナナイと誦め」との御神示があつた。

（後日を期し、上田は土地を購入し）現在三五教国際総本部の敷地となつている地域に石垣を築いておいた。

かくの如く三五教の創立は決して人為的なものではなく、実に神示に基くものなのである。

一九四九年の開教の五〇年ほど昔といえば、年号では一八九九（明治三二）年前後。中野は一三、四歳。故郷の焼津で夜学校に通っていた頃である。

ところで、ここで特に興味深いのが、なぜ「この宗教はあなない教と言ひ三五と書いてアナナイと誦」まなければならないのか。そのわけを説く中野の言葉に耳を傾けたい。

三五教と書いて「あなない」教と読む。あなないは日本の古語であつて神社々頭の麻柱（上に鈴をとりつけしもの）である。人より神への懸橋であり言霊よりすれば「あ」は天、「な」は地の意であり、「なひ」は「補ひ」「償ひ」「贖ひ」の「なひ」で、動詞にも名詞にも用ひられる。

「あななひ」は天地を結ぶ、神と人をつなぐ意味である。

「『あななひ』は天地を結ぶ、神と人をつなぐ意味である」とするなら、英語ではコミュニケーションだろうか。その語源をラテン語にまで遡ると、「共にすること」「共通なものとすること」「分かち合うこと」の意味に至り、さらに「通じ合うこと」に転じるようだ。

中野の言葉を、もう少し続ける。

三五の三は日月地であり、天地人でありまた霊力体でもある。五は五行木火土金水であり五大である。

一人を合わせて大の字となり人の形となる。大は三画でその端は五ある。大の一字で三五を示す。救世主三皇五帝の出現こそ三五教の待望する所である。この名称を用ゆることは先師より承けし神示に基づくものである。

三五教は世間一般の宗教と異なり救世主御出現とこれによる世界平和を祈求する準備運動であつて人為的な教義も信条も戒律も有しない。たゞ神様のままに国の内外より志を同じうするもの相集まり神示の実現に邁進してゐる。

ここで疑問が湧く。

はたして中野が「あななひ」の先に、「共にすること」「共通なものとすること」「分かち合うこと」を想定していたなら、そこにオイスカは位置づけられないだろうか。

仮にそうであるとするなら、中野が祈求した「救世主」とは「三皇五帝」と呼ばれるような特別な存在ではなく、じつは「国の内外より志を同じう」して「相集ま」った名もなき人々であるはずだ。

かくして中野は、「人は神の容れものであり、神の宮である」。そして「人は宇宙の縮図である」と説くのであった。

第四章　世界

ダライ・ラマ法王と面会（1967 年 4 月／ダラムサラにて）

一九四九（昭和二四）年に六三歳で三五教の開教を果たした中野は、一二年後の一九六一年に七五歳でオイスカの前身である精神文化国際機構（The International Organization for Cultivating Human Spirit = IOCHS）を創設し、一九六五年にはオイスカ・インターナショナル（Organization for Industrial Spiritual and Cultural Advancement-International=OISCA International）への改編を経た後、米寿祝賀式典を目前にした一九七四年六月二四日早朝に亡くなった。

この間の四半世紀、高齢者と呼ばれる世代の年齢を遥かに超えながら、〝壮者を凌ぐ〟といった言葉では到底形容できそうにない東奔西走の日々を送っている。

世界を相手とする中野の果断的活動を支えたのは、自らが学び、五体に蓄えた尽きることのない〈まことのちから〉であったと思う。〈まこと〉とは真、誠、慎、実、信であり、真事とも綴る。

■言葉と形

三五教の開教に際し中野が最優先で手掛けたのは、三五教の祭祀、教義、そして自らの考えを内外に広く伝えることであった。それというのも、それらが三位一体となって動き出すことで、「宇宙大精神をおさめ万教帰一と救世主出現を前提とする世界恒久平和の招来を叫ぶ私の主張」が、より広く世を教化することにつながるからだ。

その中心としての大道場が完成したのは、開教から半年ほどが過ぎた一九四九年一〇月一七日だった。

三五教における祭祀について中野は、次のように説く。


三五（あなない）に於て祀を行うは実に重要な意義があり、〔中略〕獻饌の意義、又三宝の意義、八足の意義等は意義深き教を含んで居るものであり神を尊ぶは理窟や批判ではない。精神的に真の心にて神に拝をなす時は真に有難く感謝の意を現わすもので是は宇宙の実体をお祀りする上に精神的をもつて敬い奉るものである。

言葉をもつて説明するものでなく行いに現わして拝をする事は行いの教義であり、もの言わずとも宇宙の神は尊き事を老いも若きも万の人も皆無言にて悟り得るものであり行いの教をなすは真に尊きものである。

祭服も宇宙の法則に基づき、神に額ずくも、一歩々々と進むも宇宙の道に象どりて意義深く行いに教を現わして居るものである。

次いで教義については、

我が三五教に於ても宗教の道の教をすることは言葉をもつて行うものであり、宇宙の神意を述べる所に人にとつての靈（たましい）となるべき教養あり。人は靈（たましい）を個人の精神へ結びて後に精神的向上が現れるものであり此の世の神の御意志を辨える事が宗教の道なのである。

是は人にとつて尊きものであり又精神的なるが故にものを確定的にするものでなく言葉に精神的光と力と徳の力がありて教が生きるのである。

即ち精神的の教は光、力、徳が含みて居るものであるが光の説明も出来ず力の説明も出来ず徳の説明も出来ないものである。故に此の精神的言葉によつて三つの力を与えるものである。斯くの如く教として言葉に現わす宗教の道を明かにするものである。

ここに引用した中野の考えを敷衍《ふえん》するなら、言葉が形を創り、形が言葉を導き、導き出された言葉によって中野の思想が描き出される——と読み取ったのだが。

■まことの姿

自らの考えを広めるため、一九五〇年八月に機関誌『あなない』（日本語版と英語版の二種類）を、同年一二月には機関紙『三五教報』を発刊する。

それと並行する形で、中野は一九五〇（昭和二五）年前後から世界各地のこれと思った人物に向かって自らの考えを記した文書を送り届ける活動を始めた。その際、自分を写した写真を付けて発送している。

当時の事情についての中野の弁に耳を傾けてみよう。

私は何時の場合でも過去・現在・未来を一貫にして見通し人智にて理解できない事を神様より言わされるのであるが、或日私が海外通信関係者に「海外の方から非常に熱烈な手紙を戴いているので返事の意味において私の写真を送ってくれ」と申したところ、「いきなり写真を送っては礼を欠く」というような意見も出て大分発送が遅延したが兎に角一応は送ってくれたのである。

私はその写真を撮る時に霊衣を着て撮ったのであるが、さて送附してみると次々に来る礼状には話し合ったように、「御写真を拝見しただけで師の全貌を知り、疑いなしに霊智、霊覚者であることがわかった」との意味が記載されていて、関係者は今更の如く神示の人智では量り知れざることを痛感した次第であった。

この部分を最初に目にした時、率直に言って頭にいくつもの「?」が並んだものだ。なぜ。やはり常識的に考えてオカシイだろう。

じつは中野の考えを各国語に翻訳して海外に送ったところ、それを読んでの感動と賛意が寄せられたというのだ。そこで中野は海外事務担当者に「私の写真を送ってくれ」と求めたのだが、「いきなり写真を送るのは失礼」との返事だった。

たしかに異国の、しかも見知らぬ人物が「いきなり写真を送るのは失礼」である。これが常識だ。

だが中野は担当者を説き伏せ「霊衣を着て撮った」写真を海外に向けて発送したのである。すると「次々に来る礼状には話し合ったように、『御写真を拝見しただけで師の全貌を知り、疑いなしに霊智、霊覚者であることがわかった』との意味が記載されてい」たというのだから、やはりオカシイ。首を傾げざるを得ない。

まさか「御写真を拝見しただけで師の全貌を知」ることができるわけはないだろう。加えて「疑いなしに霊智、霊覚者である」などと確信を持てるはずもない。だが、ヒトの〝佇まい〟は無言の説得力を秘めているということだろう。以心伝心である。

どうやら写真とは「真《まこと》」を「写《うつ》」し出し、「まこと」を他に移すものらしい。「うつ（写）し「うつ（移）」されたものの中に「まこと」が顕れると考えるなら、写真に見える佇まいから、中野の五体が発する〝静謐《せいひつ》な熱情〟を読み取ったに違いない。

百聞は一見に如かずとは言うが、じつは百読は一見に如かず、でもあろう。

中野が説く「天文《てんもん》」「地文《ちもん》」に倣うなら、あるいは五体には「人文《じんもん》」が描かれているようにも思える。どうやら身体《からだ》から立ち上る佇まいも思想を表すようだ。

■声、音、そして言葉

じつは一九五〇年一二月半ば、中野は東京丸の内のコロンビア・レコードで「四方の国より聞こえくる、誠の神の声を聴け、魂の清水に渇く人、瑞の御霊に潤へよ」と唱う「基本宣伝歌」を吹き込み、海外に発送している。

中野はレコーディングの際、「特に霊を入れ霊と音が一緒に現はれ出て来る様に吹き込んだ」と言う。「勿論日本語である故、外国人にはわからないと思ふ」。「このわからん言葉を霊化して聞かせるわけ」は、「三五教の存在をあまねく人類に知らせ、其の使命を伝へその方針や活動を知らせるためには是非やらねばならぬ神命であつた」からだ。

はたせるかな中野の真意は伝わった。海外から写真と同じような反響が届く。

たとえば「印度、スイス文化協会会長フレンド・H・シャーテイヨン氏」は「此のレコードで私は日本の友人と心を通はす新しい手段を得た、御恵贈のレコードに聞き入っていますと、私はいつしか貴国でしかも師の側近くにはべつている思ひが致し〔中略〕師が醸し出される清らかな和らかさと落着きの中で御門弟達の歓喜に満ち満ちていられる有様が映つて参ります」と寄せている。

これを機に海外との交流が活発化し、「印度国カルカッタ市、世界宗教伝道会会長スワミ・クマル・リン氏」「米国の仏教友愛会会長デイッホフ博士」「印度国ヒマラヤの聖者として有名なスワミ・シヴアナンダ氏」「チベットの活仏ダライラマ」「米国の紅ラマ教」「ビルマ国の国際仏教徒団団長ボカ氏」などとの交流が始まり、後年の世界宗教会議へとつながることになる。

■慰霊への旅

中野の膨大な著作を読み進むうちに浮かんできた疑問は、中野は戦争を、具体的には一九四五年八月一五日に終わった戦争をどのように捉《とら》えていたのか、である。それというのも、膨大な著作のどこを探しても、あの戦争に直接言及する記述が見られないからだ。

戦争末期、都市に住む児童の疎開を陸軍要路に訴えたことはすでに記しておいたが、それ以外に明確な発言がない。

ところが『三五教報』を読み進んでいると、「記念祭執行　――十二月八日に――」(第一三号/昭和二六年一二月一五日)なる記事が目についた。それには「十二月八日は十年前我が国を敗戦の憂きめに導いた大東亜戦勃発の思い出と反省の日であり」とある。記念祭後に中野が講話を行ったとのことだが、残念ながら講話内容が記されていない。だが、「大東亜戦勃発の思い出と反省の日」としているところから判断して、内容の概要は想像できそうだ。

『三五教報』（第一四号／昭和二七年一月一五日）は、「戦犯故国送還の嘆願書　中野教主旧冬フイリツピン　オウストラリア　両国へ提出」と報じている。

それによれば前年冬、中野はフィリピンのキリノ大統領、オーストラリアのメンジース首相に対し、「今なほ戦犯として両国の獄舎に呻吟する多数の同胞の本国への送還方を願出た」のである。

「嘆願書」では情理を尽して戦争の惨禍を説き、「世界恒久平和建設を目的として世界同胞愛の原則に従つて私が創立しました、三五教の信徒を代表しまして」として「三五教々主　中野與之助」の名義で提出されている。

『三五教報』（第三三号／昭和二八年七月一五日）には、「北方派遣使節／渡航祈願祭」「北方派遣使節の鹿嶋立ち／清水駅頭感激の歓呼」「松井先生を送るに当たり感あり」「大王丸芝浦出港／確信の笑を浮べ／テープの束を握る松井先生」などの記事が掲載されている。

『三五教報』（第三四号／昭和二八年八月一五日）では、「アッツ島派遣使節帰る／竹芝桟橋朝風に大教旗翻える／颯爽とタラップを下る松井使節」の見出しが躍り、使節として派遣された松井伝一が羽織袴姿の正装写真を添えて「アッツ島慰霊行」の感想を記している。

ここで、アッツ島の戦闘について若干の説明をしておく必要があるだろう。

アッツ島はアメリカのアラスカ・アリューシャン列島に位置する小島で、戦争当時、日本軍は最北端の防備を固めるため山崎大佐以下二六三八名の兵力を置いていた。一九四三年五月、アメリカ軍は強力な艦隊支援を受けた一万一千の重武装兵士を送り込み、一七日間の激戦の末に日本軍は二〇人ほどを残し他は戦死。太平洋戦争で最初の玉砕であった。

一連の記事を総合すると、アッツ島での慰霊祭を政府主催で行うに当たり、神・仏・キリスト教のそれぞれから一名が指名され、神道代表に選ばれた三五教が松井伝一を派遣したというわけだ。

松井の記した「アッツ島慰霊行」からは、神道と三五教を代表するという重責を担った松井の熱い思いがヒシヒシと感じられるが、清水駅での見送りの様子を伝える「この時ふと記者の脳裡をかすめたのは戦時出征軍人の見送り風景であつた。これ（松井の見送り）はどこまでも明るく、あれ（出征軍人見送り）はどことなく暗い影がつきまとつていた」の思いに、中野が戦没者慰霊に込めた思いが滲《にじ》んでいるように思える。

■「世界の空は一つ」

中野は三五教の開教から八カ月ほどが過ぎた一九四九年一二月八日、世界の主要宗教の教祖四八柱を奉斎している。八年前の一九四一年に日本が対米開戦に踏み切った一二月八日に、念願の「万教帰一」に一歩踏み出したのである。

振り返って気づかされることは、中野にとっての生涯の節目は「一二月八日」が多いこと。これは偶然の一致ではなく、やはり〝その日〟に対する深い思い、考えが秘められているに違いない。

やはり中野にとって「十二月八日は十年前我が国を敗戦の憂きめに導いた大東亜戦勃発の思い出と反省の日」であり続けていたのではなかったか。

生前の中野はオイスカの活動を「世界の空は一つ」と形容していた。おそらく、それは中野が『三五教報』創刊号（一九五〇年一二月一五日）に掲げた「教主の言葉」に見える「全世界各宗教は各教祖の宗旨に帰向し、万教同源の実を挙げなければならないのであります」との思いと共通するはずだ。

『三五教報』創刊号の冒頭に置かれた「三五教の主旨」は、「宗教の融和なくして世界恒久の平和なし」と訴え、「万教同源」の意義を訴えている。以下、原文を引用しながら「三五教の主旨」を要約しておきたい。

「いつの世にも、政治的、経済的、社会的に各人類の間には焦慮と苦悩と闘争とが地上到る処に行はれている、殊に宗教の間に甚だしき闘争が継続されてきた」。「宗教が人間の生活に毎日必要であり」ながら、である。

それというのも「自宗のみが唯一の天啓教であり、他宗に於ては絶対に救はれない等と、神を自宗の専有物と考へている宗教が多い」から、「闘争が継続されてきた」のである。だから「各宗は各教祖の宗旨にかへり、宗教本来の生命を輝かし平和のため、安心立命のため、総ての偏見を捨てその特殊性を強調しつゝ、共存共栄の実をあげねばならぬのである、万教の源は一つであります」となる。

それゆえに「各宗教家は時代の推移に眼を醒まし、基教は仏教の意義と相通じ、仏教は基教の教義と一致する点に気付き、衆生済度の精神が互いに相映写し、独一真神の愛の本義を覚り、世界同胞愛の真意義が了解されなくては、今日の人心を救うことはできない」。

そこで「この真諦が宗教家に真に理解されたならば、爰に始めて現社会に闘争や嫉視が止んで、今日の経済的、政治的、人種的の争闘も畢竟無意義のものだと云う事が分明になるのです」。「要するに今日世界の人類は総体的破滅に向つていると謂うべきであり、もはや一刻を失へば千歳に悔もなほ及ばない」のである。

そして「宗教ではなく世界各人種が一丸となつて信仰の出来得る新時代にふさわしい世界唯一の宗教を樹立せんとする信仰団体」である三五教によって、「万教同源」を実現させようというのだ。

ここでは三五教の由来につき、「三五教の三は（三五教、世界紅卍会、バハイ教）を表現し、五は世界五大宗教を意味しているのであります」と解説されている。

開教に前後して中野は、一九世紀にイランで生まれた神の一体性、宗教の一体性、人類の一体性を説くバハイ教と、さらに台湾に移った世界紅卍字会との連携に踏み切っている。「万教同源」を求めての第一歩であろう。

ここで疑問が湧くのだが、なぜ中野の言葉が「万教同源」から「世界の空は一つ」へと変じたのか、である。そこに「万教同源」を突き詰めた上での中野の覚悟があったように思う。

■「宗教の殻を脱ぎて」

一九五三（昭和二八）年の年末近く、中野は清水、焼津両市を会場に「第一回世界宗教会議」を開催することを明らかにした。戦後の混乱から立ち直りつつあるとはいえ、日本はまだ貧しさの中にあった。にもかかわらず第一回会議は海外二五カ国から五一名の参加を得て行われている。

第一回(一九五四年四月)、第二回(同年一〇月)、第三回(一九五五年一月)、第四回(同年五月)、第五回(同年七月)、第六回(同年一〇月)、第七回(一九五六年二月)、第八回(同年九月)と精力的に開催されている。

その際、(一)宗教家は人類を如何に導くか。(二)宗教家の教義はなにを基にすべきか。(三)万教帰一の可能性と実現方法。(四)世界平和に宗教家は如何に寄与すべきか。(五)宗教家は迷信と正信とを如何に分かつか——などが話し合われ、世界七五カ国の三千名余からの意見が寄せられている。

会議での議論は中野の目指す「万教同源」の方向に進み、国際宗教連盟が結成され、中野が同連盟の理事長に就任している。

だが、この会議は中野にとっては必ずしも満足のいくものではなかったようだ。中野は「世界宗教会議を起こして、宗教と道徳との道を明らかにせんと今日まで語り続けたものである」が、と会議を振り返る。

中野の次の言葉に耳を傾けたい。

人類の治まる道を与えるのが宗教家であるから、人類を導き給う神の御意思を明かにせんとして世界宗教会議を第一回より第八回まで起こしたものであるが、神は人類に綱打ち掛けて引き寄するが如くに正しき道を歩かせようとしていられるものである。

神の大御心を悟り得て世界の宗教の代表に呼び掛けました会議には、全世界の何ケ国もの代表が集まつて来られたが、かようなことを私個人でいうならば個人主義となるため、世界宗教会議にかけて世界の宗教家が賛成し、かくなることは全く神の道なることを裏書きして下さつたものである。

これは私の申上げることが迷信でなきことを認めて全世界宗教家の言葉として発表しているのである。

人類は既に悪化し人間同士が戦争を起こそうとして口には平和を唱えながら戦争と化した現代をつくりております。〔中略〕これは宗教あると雖も宇宙天意をこの地上人類に伝達していないため斯様なことが起ることを、宗教家は恥しく思う次第である。宗教家として色々な言葉を並べて「これは人類に利益のある本だ」とか、「この運動は世界平和運動であつて実に尊いものである」とか、全世界にはありと凡ゆるものがあるがこれも宗教的ではなく人間知識的のものである。

人間知識的なるが故に自然おのずに叫ぶその人達が自ら悪化の道を辿りて生活しているのである。人間界に於て平和を造ろうとしても人間の知識では出来ません。

宗派々々をつくりて色々口調々々に理窟批判を積み重ね、僅かの争いにも言葉難しく唱えれば知識人と称え、またこれを方向を変えて言えば現代の宗教人であると考えられるのである。第一回より第八回まで宗教会議を催して斯くなることを唱えて見たところ斯様に感じられるところがあり、霊界から見た感想の一端をここに述べたものである。

現在の世界人類の精神的悪化を来しておるに拘わらず、〔中略〕何が不足か、或いはどうしてこれを立直せばよいか、〔中略〕精神的指導者即ち宗教家に於ても斯くなることに気をつけなければなりません。にも拘らず宗団宗派をつくり、また知者・学者あると雖も斯様な大きな時代の波に包まれておることを知らずして自分の説を押売りしようと掛つているものである。これらも総て人間が全大宇宙の秩序を壊しつつあることを気づかなければなりません。

かくして「言葉が多く難しく聞こえるのは徳の力がない人の教である」と退け、「宗教の殻を脱ぎて世に出て万人と手を繋ぎ合せ、世間を知るのが宗教の更生の一歩である」との考えに至った。その先にオイスカがあったはずだ。

■精神文化国際会議

あえて誤解を恐れずに言うなら、中野自身が「色々口調々々に理窟批判を積み重ね、僅かの争いにも言葉難しく唱えれば知識人と称え、またこれを方向を変えて言えば現代の宗教人」と表現するような「現代の宗教家」の限界を秘かに知ったに違いない。

これを逆説的に表現するなら、八回に及んだ世界宗教会議は、中野が海外の「現代の宗教家」のありのままの姿に接する絶好の機会であった。であるとするなら、この会議はオイスカを考える上で重要なカギとなるだろう。
あるいは中野は世界各国から参集した「現代の宗教家」の赤裸々な姿を前にして、自らが説く宗教の本来の姿に立ち帰ろうと決意したのではなかったか。それを次の言葉が示しているように思える。

宗教の発達により今迄人の知らない天下の財宝も栄となり、天意を以て修理経営すれば天恵無尽の衣食に満足し得るので、是が造化自然の神約である。
世界人類の生活に要する物資は天賦的に自然に給与せられ、天賜の産物により人類生活の安定を計り衣食住業を按配供給して、生存上後顧の憂なく其の天賦の智能を啓発して、人生の使命を果すのが宗教の生命線で活躍する事である。

世界には他国より先んじて進化せる国があり、それが親国になつて続く国々を導く事になれば、互いに誠心誠意をもつて守り合う事になる。他を生きる道に導けば、自然の理によつて精神的に一体となつて己も生きる。小国から大国を自然に心から慕う動機を作るのが精神的の働きである。全体が精神的に一体に結ばれて生きる事になる。

宇宙大自然の教を導く宗教家は、精神的の秩序を人類に立てる責任にあり、精神的に人類が目覚めて後に、始めて国々の政治あり、経済の円滑循環、資源開発を図り国に利益を齎らす仕事を依頼するのが本来の順序である。今の世を救済し人類の安寧秩序を保つ道は、全人類の精神教化を図る宗教家の果断的活動を措いて他にはないと、宗教家の一人として斯様に考えるものである。


あるいは中野は、こうも考えたのではなかろうか。

本来は「精神的に人類が目覚めて後に、始めて国々の政治あり、経済の円滑循環、資源開発を図り国に利益を齎らす仕事を依頼するのが本来の順序である」が、「現代の宗教家」を頼む限り、それの道は前途遼遠《りょうえん》だ。ならば、この道を逆転したらどうだろう。

つまり「宇宙大自然の教」に集う者の手でまず「経済の円滑循環、資源開発を図り国に利益を齎らす仕事」を図り、そういった働きを尽くすことで「精神的に人類が目覚め」る道を求める。

かくて「他を生きる道に導けば、自然の理によつて精神的に一体となつて己も生きる」

という理《ことわり》である。

一九六〇年一〇月、新しい試みを「精神文化国際会議（英文でTHE CONGRESS FOR CULTIVATING HUMAN SPIRIT）」と名づけ、世界各国・各地の文化・教育・宗教・経済関連民間人に呼びかける。中野は、「今度の会議は宇宙神意を明らかにして、人類の秩序を立てたいのが目的」と決意を示したのである。

翌一九六一年五月、第一回会議は東京で本会議を、京都、豊田などで国際親善大会を開いた。

日本側メンバーは中野與之助（国際文化交友会理事長）、高瀬荘太郎（元文部大臣）、三浦肆久樓（東京農業大学学長）、牧野虎次（元同志社大学総長）、平沢興（京都大学学長）、千潟龍祥（九州大学教授）、平塚益徳（九州大学教授）、久松真一（京都美術大学教授）、有賀鉄太郎（京都大学教授）、加藤一雄（日本大学教授）など七九人。インド、ビルマ、パキスタン、エジプト、アメリカ、フィリピン、ニュージーランド、ガーナなど二〇カ国から二〇〇人ほどが参加し、前後二〇日にわたって行われた。

この大会を詳細に伝えた『中外新聞』の紙面から、会議で展開された議論を拾っておきたい。

（一）「平和な未来を望む／精神文化国際会議の開催に当たって」アンドレ・ルポア（フランス・パリー大学教授。東洋哲学研究者）

――人間性の自然の成り行きとして「団結の衝動」がある。我われは正義の旗の下に団結すべきだ。古来歴史は自尊心が戦争を招くというパラドクスを教えてくれる。じつは文明の利器が無駄な競争を引き起こす。支配欲を排すべきだ。自由意思を曲解したことが、文明の危機を招いている。であればこそ「新しい文芸復興」が待ち望まれるのだ――

（二）「地獄は心の中に」（同）

――「あらゆる差別を超えて」「戦争への準備をなげうて」。現状のままでは「科学の進歩はそれが強国の弱国を支配する現代利器」となっている。いまこそ大戦の試練に立つべきだ――

（三）「世界の壁を除け」Ｎ・Ｌ・アミン（インド代表）
——衣食足ってこそ〝文化〟が生まれるものであり、であればこそ後進国の開発の義務を痛感する。やはり〝無暴力〟こそを学ぶべきだ——

（四）「世界は一家族」ルイス・アレン・セルザー（アメリカ代表）
——生物学だけでなく、哲学や社会学も勉強した立場からして、やはり「生命は宇宙の法則に従っている」。科学的観点から見て人間が一家族であり個人の尊重と共に全人類の尊厳を深めることが大切だ——

（五）「人類精神の教化について」三宅敏雄（日本代表）
——「人類が人となり、人間社会の形成者となるための基盤が人類精神」だ。「この大精神は本来、宗教的なものであり、人命をも含めた一切のもの、存在への畏敬の念と、それらに対する責任感を中核とする」。「現代の危機は、真の個人の心、真の民族精神、真の人類精神の忘却に由来する」。だから宗教に依る教化、道徳教育に依る教化は当然だが、精神科学および自然科学の普及による教化、いわゆる後進国の経済的開発による教化などの重要性を見逃してはならない――

（六）「隣人を知れ」ユーサル・スリマル（インド代表）

――混沌の時代では、世を立て直そうする情熱の持ち主が却って破壊の原因を作っている。それは「善悪及び人類の平和と幸福をもたらそうとする方法の正しさの判断が欠如」しているからだ。じつは文明が人類の墓穴を掘っているというパラドックスを絶ち、「階級、人種を超えて〝大家族精神〟をうちたて」ることが急務である――

（七）「精神文化国際会議」『中外新聞』社説

――「平和を口にしながら、いかに平和が至難な道であることを、今度の会議を通じて痛感した」。「人類精神とは宇宙の大生命の流れに従い、時空を超えて人類に賦与された潜在力で、その本質は各個人の教化によって異なるが全人類が保有しているのであ」り、「人類精神は偉大なる統一要因であり、万物に遍在する潜在力である。人間の心を通じて顕現し、全人類に内在され覚醒されて生成発展、普遍的愛の精神と兄弟愛へ導くものである」などの「一応の結論」を得た。「この人類精神を、如何に教化するかについて今後の具体的討議」が重要であり、「いま激流にまき込まれ溺死」寸前にある子どもを如何に救済するかが先決であり、「人類精神の概念規定にこだわるべきではない」――

ここに挙げたわずかな例からも、一九六〇年代初頭の世界が解決を迫られていた問題の実体を知ることができる。同時に、この時代の議論から六〇年ほどが過ぎた二一世紀二〇年代の現代においても決して色褪《あ》せていないことを痛感させられる。

それはまた精神文化国際会議が優れて先見性に満ちていた会議であるだけではなく、この会議が背負うことになる任務の重さ、それはとりもなおさず中野が自らに課した使命の重さを物語るものだ。

同じ一九六一年九月、第二回精神文化国際会議が東京、熱海、京都、福岡などを会場に前後二〇日間にわたって行われた。参加国は一八カ国で、参加者は四〇六人。日本側からは中野與之助、下条康磨（参議院議員）、渡辺楳雄（日本大学教授）、牧野虎次（同志社大学第一二代総長）、塚本善隆（京都大学教授）、加藤一雄（日本大学教授）など四三人が参加した。

この時、常設機関として精神文化国際機構（ＩＯＣＨＳ）の設立が採択され、中野が初代総裁に就任している。

初代総裁就任に際し、中野は次の抱負を語った。

精神文化国際機構の結成を見、精神教化を叫ばれる国内・国外の精神文化各界の皆様と共に、国際的に精神運動を推し進めるべく、其の実践に移り得た事は、此の上もない喜ばしい事であり、より一層の御協力を得て、世界中の人が共に強い絆に結ばれて、宇宙意思に和した大活動を展開し、人類救済の大事業の道に邁進致したいと念願する。

■産業の息吹

以後、精神文化国際会議は第三回（一九六二年五月）、第四回（一九六三年九月）、第五回（一九六四年八月）と続き、「開発途上国の産業開発協力方針」を定め、それに基づいて「産業開発機構（Industrial Development Body）」が設立された。

一九六五年一月、精神文化国際機構（ＩＯＣＨＳ）は、現在のオイスカ・インターナショナル（Organization　for Industrial Spiritual and Cultural Advancement-International=ＯＩＳＣＡ International）に改名された。

なお「第五章　宇宙」「オイスカの『響き』」（二三〇頁）でオイスカの音と意味について綴ったので、そちらを参照願いたいが、ここでは「Industrial」について中野の説くところを考えておきたい。それというのも、Industrial の持つ「産業」に中野独自の考えが込められているからである。

中野は「産業を軽易に考えるべきではない」と戒める。それというのも「産業は宇宙真理其の儘であつて、此の理によつて人類の秩序が生まれるのであり、人間の道徳知識精神位では秩序は生まれて来ない。〔中略〕産業精神の働きは新陳代謝の業であり、生きる業であり、万ずの生命を生かす業である」からだ。

「産業精神の働きは新陳代謝の業」を言い換えるなら、二〇一五年九月の国連総会で採択された「持続可能な開発目標（ＳＤＧｓ）」に重なるはずだ。中野は世界がＳＤＧｓに思い至る半世紀前に、すでにそれを訴えていた。だが世界は、それに気づこうとしなかった。

もう少し中野の説くところを続けたい。

産業は国の生活を富ます手段のみの如くに考え、利益・欲得を第一義において産業を行っている。産業の進んだ国、後れた国、未開発の国が入り乱れて、各々自国の繁栄のみに目が眩み、大国が小国を援助するにも、本当に其の国の発展を考えるものではなく、自国の利に動かされて活動するから、援助を与えても其の国からは疑いと警戒の目で見られ援助は生きない。

だから「産業」は「国の生活を富ます手段のみの如くに考え」てはならず、ましてや「利益・欲得を第一義において産業を行って」はならない。それというも「産業」は宗教そのものだからである。

産業と言う言葉を挙げれば、宗教家の中には「産業と宗教とは別のものである。産業は経済を働くものであって、経済へ入りたがるものは宗教ではない」と云いきる人もあるが、宗教は宇宙大自然の大生命と生活を説き教えるもので、是を極明するならば産業となる。

産業を離れて宗教も精神教化もない。産業は総て精神に於ても知識に於ても新陳代謝して古きものに滞る事なく、時の流れに従って新しく生成化育し進化発展する。

「産業は知識で行うものではなく、産業とは人類自らが救われる道である」と説く中野は、「精神的に人を育てる精神産業」という考えを提示し、より積極的で創造的な人づくりを目指した。

「精神産業」によって造り上げられた人によって営まれる「産業」こそ、まことの国造りとなる。

天賦の国土を経綸して進化発達せしむべく知能を開発し、知能は社会に利用厚生の道を見出し、国土の富源を開発する。知能の発達した民族が最も多く国の開発進化を補成する。

永久的知能の啓発に努むることは民族の使命であるが、其の目的達成は前途遼遠で容易ではない。

国土を発達せしむる事は、其の国に生れた者の責任であり、其の国特有の天性に発達すべき性能を有しており、伝統の史的精神と其の土地特有の風土・国質を享有する。

中野が目指した「宇宙意思に和した大活動」「人類救済の大事業」とは、「其の国に生れた者の責任」を果たすことなのかもしれない。

古くから日本では、「産霊」と記し「むすひ」と呼び、利益や効率に偏った経済活動を行う近代的市場原理とは全く違う文化や信仰、それに経済が一体となった暮らしを理想としてきたのである。

■動き出すオイスカ

一九六六（昭和四一）年、オイスカは農業開発団の最初の派遣先としてインドを選んだ。なぜインドなのか。中野は次のように説く。

今回の産業開発視察団の印度行きは、時代の流れに合せて一歩進み出て、精神教化に導かれた実力ある産業開発の運動をお願い申したいのである。今迄の知識的、並びに物体的の世間一般の産業開発を言うのではなく、精神的意義を含んだ産業の開発である。

後年のこと、なぜ最初の派遣先がインドなのかと問われた中野は、次のように答えている。「対談：オイスカでは、なにをしているのか」(『20世紀グラフ　70－7』二十世紀出版社　昭和四五年七月)からのやや長い引用になるが、中野の素志を知ることができるので、あえてそのまま記しておくことにする。

動機はね、戦時中のことなんです。インドの当時の大統領にプラサドという人がいましてね。この人から私のところに、もし日本が戦争に敗けるようなことがあって、そのまま日本に引込んでしまうと、将来日本はアジアに足場を失ってしまうことになる。それじゃいけないから、どうしても人を日本から送りこんで現地人と一緒にアジアの繁栄のために努力しないとえらいことになるんじゃないか、といってきた。それだもんで敗戦と同時にインドに人をやり現地の事情を調べた。

(同大統領から後任のダラ・グレシャン大統領を紹介され)とにかくインドに行っ

て、グレシャンと会った。

（中野が一歳年上ということで個人的な付き合いとなった。以後、何回か訪印しているうちに）「君のところに、インド人を送るから少し世話してくれ」、それはよかろうで、最初は半年か、一年ぐらいインド人を置いた。少ない時は八〇人位で、多い時は三〇〇人も。

最初私が十日間いろいろ講義して、あと二十日間は全国の産業地を見せて回った。米はどうしてとれるのか。魚はどうしてとるのかなど見せてやってね。こういう仕事が十年ほどつづいたんです。その期間中にインドのケララ州で食糧不足のために五十人死んだ、百人死んだということになりましてね。

（同州は共産党が強いが）そこへ日本人をどんどん送って、米作りを教えたんです。私の考え方は、インドを助けるという意味じゃない。人類の立場から、食糧がないということは困る。敵であっても、味方でも食糧だけは確保しておかねばいけない、ということなんで、無条件で、約束ごともなしに、だんだんと人を送って約五百人にも上ったでしょうね。

次いで派遣される者に年寄りが多い理由を問われ、

最初はね、インド人が笑ったそうです。五十から六十歳の人をよこして、インドに老姥にきたのかとね。わしは冗談をいうな、百姓というのは、ちょっと考えると二年か三年やれば覚えられるようだが、本当の百姓は十年研究してもまだ完全とはいえないんだ。といってやったんです。

それ（五〇、六〇歳は団長とか副団長で、あとは三〇歳以上という団員構成）が、成功のもとなんです。その人たちが土地の生えぬきの人を大事にして教えるもんですからね。例えば七十歳近い人もいますが、この人は棒を地中にさし込んで、その土地の状態が分る。

インドの農業試験で、これを実験してみたら同じ結果が出て、絶対の信頼をうけたとか、土地をなめて、この土地は酸性かアルカリ性かを判断し、それに適したものを、植えるとかしたもんですからびっくりして、大評判になった。国連のアジア農業開発機関の責任者も見にきましてね。大したもんだ、ということになり、それ以来応援もしてくれるんですよ。

やはり派遣されたのは、五〇代から六〇代の「百姓」だった。

さすがにインド側は「年寄りが多かった」ので面食らったらしいが、「冗談をいうな、百姓というのは、ちょっと考えると二年か三年やれば覚えられるようだが、本当の百姓は十年研究してもまだ完全とはいえないんだ」と確信する中野は、五〇歳、六〇歳は団長とか副団長であとは三〇歳以上で構成された「日本の百姓」の一団をインドに送り込んだ。

やや奇矯に思える中野の発言だが、なにやらラタン・ラル特別栄誉教授の説いた「土と共生してきた素朴だが再生可能な日本本来の農業」の姿が浮かんでくるようだ（なおラタン・ラル特別栄誉教授については、「第五章　宇宙」の「疲弊する土」二二一頁を参照のこと）。

一九六一年にオイスカの前身である精神文化国際機構が発足したことから、中野は積極的に海外との交流を求めた。当時の主な動きを拾ってみると、次の表のようになる。

■動き出すオイスカ		
年	月	主な動き
1962	7	フィリピンへ代表団派遣（田中収）。西パキスタン総局設立。
	10	インド及びパキスタンへ代表団派遣（高瀬重雄他５名）。
1963	1	インド及びパキスタンへ代表団派遣（中野利弘他１名）。
	3	フィリピン・マプア工科大学学生（６名）を技術研修のため受け入れ。 フィリピンへ漁業調査団派遣（松井伝一他１名）。 香港へ国際貿易市場調査団派遣（山田一郎他２名）。 フィリピン総局、香港総局設立。
	10	ガーナ研修生受け入れ。
	11	香港及びフィリピンへ代表団派遣（秋重義孝他１名）。
1964	1	東パキスタン総局設立。
	3	インド及びパキスタンに調査団派遣（中野利弘他１名）。
	4	インド、パキスタン、香港に貿易関係調査団派遣。
	9	香港に駐在員事務所を設置し、駐在員を派遣。
	10	バンコクに駐在員事務所を設置し、駐在員を派遣。
1965	1	シンガポール、ガーナ、ナイジェリア、カメルーン支局設立。
	8	インド及びパキスタンへ農業調査団派遣（田中丑之助・池見茂隆他２名）。
		西パキスタンへ技術者派遣（木工・製材指導者）。
	9	日比産業開発合同委員会開催　比（フィリピン）側参加者 13 名。 期間８日間。決定事項：①オイスカ・モデル農場設置。②フィリピン沿岸漁業開発への協力。③日比友好通商条約批准書の議会提出に対するフィリピン大統領への運動展開。
	11	インド及びパキスタンへの農業開発調査団派遣（中野正志他２名）。
		アジア・アフリカ地域産業開発計画要綱（案）発表。 インド、パキスタン、フィリピン３カ国開発計画要綱（案）作成。
1966	2	インド及びパキスタンへの農業開発調査団派遣（中野正志他４名）。
	3	農業技術調査団をインドに派遣（鮎沢英行他６名）。 農業技術調査団をパキスタン、フィリピンに派遣（川畑喜一他２名）。
	5	インド政府に農業開発計画を答申。 フィリピン政府に農業開発計画を答申。 中野「アジア・アフリカにおける産業開発原論」を発表。 第１次インド農業開発団派遣（18 名）。カシミール・プロジェクト開始。 インド開発団本部をニューデリーに設置。
	6	第１次インド農業開発団追加派遣。ジャム・プロジェクト開始。 フィリピン漁業開発調査員派遣。
	8	第2次インド農業開発団派遣(深山喜一郎他5名)。パンジャブ･プロジェクト開始。
	9	フィリピン・ブラカン州農業開発指導協定書調印。 第３次インド農業開発団派遣（杉山昭太郎他２名）。 第４次インド農業開発団派遣（永井秋信他１名）。東南アジア産業文化視察団派遣（木下徳弘他 16 名）。
	11	第５次インド農業開発団派遣（盛田圀夫）。

■中野、世界へ

このように草の根レベルでの〝オイスカ外交〟を積極的に展開する一方、中野は自ら海外に出向き、諸外国の政府首脳や指導者に向かって自らの考えを説いた（下表参照）。

一九七四年は中野にとって米寿に当たる。八八歳を目前にして、なお、この行動である。この時、おそらく中野の心には次の言葉が常に刻まれていたに違いない。

人間の体は限り身である。

			訪問先	面談した首脳
1964	1	第一次アジア諸国歴訪。一行20名	香港、フィリピン、インド、パキスタン等	アユブカーン大統領（パキスタン）、マカパガル大統領（フィリピン）
1967	3	第二次アジア諸国歴訪。一行18名（前後52日間）	インド、パキスタン、ネパール、タイ、マレーシア、シンガポール、フィリピン、香港、中華民国（台湾）等	ザキール・フセイン大統領、インデラ・ガンジー首相、国民会議派議長・食糧農業相・工業開発相・前内相・前灌漑動力相・各州政府首脳（以上、インド）、ダライ・ラマ猊下（チベット）トー・チン・チャイ副首相（シンガポール）、ロペス副大統領（フィリピン）、何応欽将軍（中華民国）等
1969	3		アフガニスタン	国王
	6		インド	インデラ・ガンジー首相
1970	8		フィリピン	ロペス副大統領
1972	9		訪米親善使節団長として訪米	
	10		第一次訪華使節団団長として訪華（台湾）	
1973	3		アメリカ国際大学より農業博士号・功績章授与	
	8		中華民国（台湾）訪問。中華学術院より名誉哲学博士号授与	
1974	6		中華民国（台湾）訪問	

人間知識力にも限度があります。精神界には限度がない。天地宇宙の霊界は永遠に生き通しである。此の教養を受けた人の精神の働きは宇宙御意思に通ずるもので、人間界を越えた精神力がありますから、其の人の能力は無限と言うてよい。

■『極徳』……幻の米寿記念誌

訪問先の中華民国（台湾）で精力的に日程をこなしていた中野だったが、腎不全のために倒れた。台湾大学付属病院で加療中であったが帰国し、東京都文京区千駄木の日本医科大学附属病院に入院。

六月二四日早朝、逝去。

七月三日、青山葬儀場で同葬儀場開所以来初の神式によって葬儀が執り行われた。

一九七三年四月、昭和四八年度春の叙勲に際し、長年にわたる精神文化の交流、産業開発に対する国際活動の功績に対し「銀杯三号」一組が中野に下賜されている。

じつはオイスカでは中野の米寿を記念し、オイスカ理事長の東龍太郎（日本赤十字社社長／元東京都知事）を代表とする「中野與之助博士米寿記念出版委員会」が組織され、『中野與之助博士米寿記念　明日をつくる　オイスカの行動と理念』の印刷・製本も終わり七月二三日の出版を待っていたのだ。

『中野與之助博士米寿記念　明日をつくる　オイスカの行動と理念』のレンガ色の落ち着いた色調の布で装丁された表紙には、極太の金字で「極徳」と揮毫《きごう》され、脇にはやや小さく「八十八　中野與之助」と記されている。

同書には、あるいは中野の生涯がそのまま鋳込まれているようにも思う。

「オイスカ運動の提唱者である中野與之助氏のことを、私は常々『ご老体』と呼んでいた。しかし、昨今のオイスカの目覚ましい活動を見ると、どうもこの呼称はふさわしくないように思える」と書き出される「序」を寄せたのは、長期政権（一九六四〜七二年）を担った佐藤栄作である。

なぜ「どうもこの呼称はふさわしくないように思える」のか。佐藤は続ける。

（中野は）世界や人間の動きに驚くべきほど新鮮な感覚を持っており、考え方が柔軟で、時代の趨勢や先見性を持ち合わせている。と言って、時代がこうなるから、自分はこうするんだと現在に妥協するような考え方はなく、人類はこうあるべきだ、だから自分は行動するという、明治生まれの頑固一徹さも天下一品と言ってよい。

明治二〇年生まれの中野の生涯を語るにこれほど相応しい言葉もないだろう。

中野の死からちょうど一年が過ぎた一九七五年六月、オイスカは国連の諸機関——UNHCR（国連難民救済委員会）、FAO（食糧農業機構）、ESCAP（アジア太平洋経済社会委員会）、WFP（世界食糧計画）、OECD（経済協力開発機構）など——との相互協力の実績が認められ、国連経済社会理事会から「スペシャル」を取得し、二〇年後の一九九五年七月には「ジェネラル（総合諮問資格）に昇格している。死して後も、中野の理想は実現に向かって歩み続けている。

「祖先を尊ぶことは己を尊ぶことである」と説いた中野は、人間としての生き方を次のように語っている。

霊魂は人間が死しても永遠無窮にこの宇宙に存在して活躍するものである。

第五章　宇宙

第一回精神文化国際会議（1961 年）

ここまで「私は生を日本に享けた。然し私は世界人の一員」（『宇宙大精神』上巻）と説く中野の生涯をたどってきた。ここで改めて思い至るのは、中野独自の「宇宙経綸《けいりん》」という考えである。

宇宙経綸を知るための基本である中野の著作を読み解くことができるなら、そこから思索者としての中野の生涯が浮かび上がってくるのではなかろうか――こう考え、中野が心血を注いで建設した伊豆の月光天文台を参観した際、敷地内の資料庫を当たってみることにした。二〇一八年の春であった。

薄暗い資料庫の中に足を踏み入れ、しばらくすると入口の曇ったガラス戸越しに差し込む陽の光に目が慣れてくる。最初に目に入ったのが、高く積まれた和綴じ本であった。表紙には『霊界から見た宇宙』の文字。早速、結わえてあるビニール紐《ひも》を解き一冊ずつ手に取って改めて見ると、『霊界から見た宇宙』、『宇宙大精神』であった。

奇跡と言うのは大げさに過ぎると思うが、これが中野の著書との最初の感動的な出会いだった。

家に持ち帰って両著作を目の前に並べてみた。やっと手にすることができたと喜んではみたが、和綴じ本で合わせて全一三巻（一冊は平均で三百頁前後。一頁は二八文字×一四行)。やはり膨大な分量である。

とはいえ尻込みしていても始まらない。勇を鼓して読み出すことにした。中野独特の言葉や言い回しの連続であり、難行苦行としか形容しようのない日々だった。想像以上の悪戦苦闘の末になんとか読み終わりはしたが、頭の中は整理がつかない。一回では無理だろうからと、勇を鼓して全一三巻をもう一度読み返してみた。だが呆然としたままである。宇宙経綸のイメージが、なかなか湧いてこない。

■「大自然のバランスの親玉」

そんなある日、次の発言を目にしたことで、まさに目の前がパッと開ける思いがしたのである。

神様といひますがね、私共が考へる神様は、クリストだのエホバだの何だのとは違ふんです。何だか知らんが、大自然のバランスの親玉を神様だと思ふんですよ。大自然は様々な現象を起こしながら、その間に一つのバランスを保つてゐる。これ、神の意思なんです。ところが、人間が原子爆弾などといふ不逞《ふてい》なるものを発明いたしまし

てね、これは神様のしろしめたまふところのバランスを紊《みだ》すもので、僕は必ずや天罰が下ると思ふ。（笑声）

ここにある「僕」は文筆家としても知られた演劇人・漫談家の徳川夢声（一八九四〜一九七一年）で、「（笑声）」は高田保（作家・随筆家）、山本嘉次郎（映画監督）、横山隆一（漫画家）、渡邊慧・藤岡由夫（共に理学博士）の間から起こっている。

この文章は中野が三五教を開いた一九四九（昭和二四）年に出版された文芸雑誌『オール讀物』（文藝春秋新社）の一二月号に掲載された原子科学をテーマにした座談会の記録であり、「人類が神様を追い越すのか」という話題に関する徳川の発言である。

「人類が神様を追い越すのか」というテーマには、なにやら「ＡＩ（人工知能）は人間の能力を超えるのか」「ＡＩは人々の職業を奪ってしまうのか」といった類の最近の科学技術論議を彷彿とさせるものがある。

はたして「人類が神様を追い越」し、「ＡＩは人間の能力を超え」たかどうかの問題はひとまずおくとして、この種の議論の背景には、ヒトは自分たちを大自然（＝宇宙の一部）としてではなく、それらを左右できる生き物としてとらえたいという思いが潜んでいるように思える。

だからこそ口では「宇宙船地球号」とか、「自然との共生」とか、「ＳＤＧｓ（持続可能な開発目標）」とか、はたまた「Ｅｃｏ－ＤＲＲ（生態系を活用した防災・減災）」など耳に心地よく響くスローガンを熱心に唱えながらも、結果としてヒトは素知らぬ顔で環境破壊を進めているのだろう。

それというのも、この地上でヒトだけが特別な存在であり、ヒトが生存するために自然があるという思いあがった考えから抜け出すことができない。抜け出す努力を怠っているからだ。いや抜け出すことすら全く考えないくせに、口先だけで世間を煽《あお》り、そして誑《たぶら》かす。

これは中野の説く「まことの言葉」ではない。まことではないから、ちからが生まれない。どうやらヒトは、なんとも傲岸《ごうがん》不遜で反省という行いに素直に向き合えない生き物らしい。

それはさておき、「大自然のバランスの親玉」という徳川の発言に、あるいは宇宙経綸を読み解くカギでもあろうかと考え、オイスカの中野利弘顧問（中野與之助の養子）に尋ねた。すると、「あの頃、オヤジ（中野）は徳川夢声とよく付き合い、宇宙経綸を熱心に説いていた」と語ってくれた。

■「日月星辰は千万年を通じてその軌を誤たず」

宗教家である中野の説く宇宙経綸では、たしかに一般には極めて分かり難い。「宇宙」はともかく、「経綸」などとあまり馴染みのない漢字二文字を示されても、誰もがチンプンカンプンだろう。だとするなら、広い意味でマスコミを生きた徳川が判断し、宇宙経綸を「大自然のバランスの親玉」と分かりやすく言い換えたようにも思える。「大自然のバランスの親玉」とは、じつに言いえて妙だ。たしかに宇宙経綸より分かりやすい。とはいえ正直なところ、分かったようで分からないような。

たしかに「経」(=「たて糸」「一定不変の常道」)と「綸」(=「筋道」)を組み合わせれば「経綸」となるが、だからと言って宇宙経綸の四文字に込められた考えはにわかには理解できそうにない。

一方、こんな言葉も目にした。

宇宙の深玄なる実に蒼天の無窮なるこれを仰げば弥々《いよいよ》高遠にこれを観ずれば益々玄深にて日月星辰は千万年を通じてその軌を誤《あやま》たずして運行し地には四時行われ万物生

ず。その秩序の能く整然たる規則の正しきこと造化の妙用《みょうゆう》得て測るべからずである。

これは浄土教の近代化を訴え、釈迦の教えを求め、キリスト教や西洋哲学を学び、宗教の根源に「霊性」を見出した仏教思想家の山崎弁栄が記す『人生の帰趣』（岩波文庫　二〇一八年）に収められた一節である。

加えて我が国で最もノーベル経済学賞に近いと評価された世界的経済学者――この場合、むしろ「経世済民の学」を極めんとした行動的学者と言うべきだろう――の宇沢弘文が『社会的共通資本』（岩波新書　二〇〇〇年）で唱えた「社会的共通資本（Social Common Capital）」という考えも思い浮かんだ。

社会的共通資本は、一つの国ないし特定の地域に住むすべての人々が、ゆたかな経済活動を営み、すぐれた文化を展開し、人間的に魅力ある社会を持続的、安定的に維持することを可能にするような社会的装置を意味する。

「社会的共通資本」は（一）自然環境（大気、森林、河川、土壌など）、（二）社会的インフラストラクチャー（道路、交通機関、上下水道、電力・ガスなど）、（三）制度資本（教育、医療、金融、司法など）によって組み立てられていると考える宇沢は、「社会＝市場」という一般的考えを克服し、確立された「社会的共通資本」を土台にすることで人間らしい「豊かな社会」を目指すことができると説いた。

先にあげた徳川の「大自然のバランスの親玉」、山崎の「造化の妙用」、そして宇沢の「社会的共通資本」を無謀にも串刺しして考えてみると、その先に中野の宇宙経綸のイメージが朧気《おぼろげ》ながら浮かんでくるような気がしてきたのである。

かくして、現代の世界各地で起こっている様々な出来事に関心を向けてみることで、宇宙経綸の一端でも探ることはできないだろうかと考えてみた。

そこで、まず壮大な宇宙に飛び出すことにしたい。

■響き合うヒト、地球、そして宇宙

ある時、馴染みの本屋さんの書棚で『思惟する天文学　――宇宙の公案を解く』（新日本出版社　二〇一三年）が目に飛び込んできた。そのステキな書名に惹《ひ》かれて手に取ってみた。

観測機器を使って天空を観測する天文学ではなく「思惟する天文学」であり、禅の修行の一環として「公案を解く」のではない。「解く」のは「宇宙の公案」というのだから、ひょっとして宇宙経綸に通ずるのではなかろうか。こんな思いに背中を押され、好奇心を抱きながら読み進んでみた。

この本には佐藤勝彦、池内了、佐治晴夫、渡部潤一、髙柳雄一、平林久、寿岳潤、大島泰郎、的川泰宣、海部宣男——日本を代表する一〇人の研究者が同じテーマで「宇宙の公案I」を記し、考察を重ねつつ時を置いて「宇宙の公案II」と題して綴った文章が収められている。

「宇宙の公案I」と「宇宙の公案II」の間には、最長で一七年の時が流れている。ということは、そこからは一七年にわたって積み重ねられた思索の跡を読み取ることができるのである。

どれもが高度な研究に導かれた天文学に関する最新の知見、深い知性と洞察力に裏打ちされた思索であるだけに、ページを繰るごとに深い思いが静かに、時に熱く語られている。やはり興奮を抑えることはできなかった。

その全てを取り上げることが宇宙経綸を理解する上で大いに参考になるとは思うが、ここでは特に深く考えさせられた考察を書き留めておきたい。

空間（宇）と時間（宙）の広がり、その中の物質の秩序ある構造の全体像が「宇宙」なのである。

宇宙論は、人間の好奇心に発する、人間の文化にのみ寄与する分野である。金儲けや生活の便利さとはいっさいかかわらないが故に、かえって宇宙論を通じて文化や社会の現状や未来を見通すことができると私には思える。人間がより豊かに生きる上で、文化が欠かせないものであり、それをいかに大事にし、また広く人々が共有できるものとなっているかは、その社会の健全さを測る尺度となるからである。

そんな観点から宇宙論をひもとく時、古代人の宇宙観が、意外にダイナミックで的を射たものであることが思い起こされ、自然と共生して考えることの大切さを、まず強調したくなる。

■「〝ほどほど〟の宇宙のバランス」

以上は一九九五年の池内了の発言だが、もう少し続けてみたい。

最近「自然との共生」という言葉が、あまりにも安易に使われすぎて内実を失っているように思えてくる。これは、現代の細分化された科学技術文明が人間と自然を切り離し、自然への想像力を失わせる元凶となっているとの反省が徹底されていないからではなかろうか。〔中略〕科学者がバランスを欠いた技術社会を引っ張るエリートではなく、無心に石ころを集めて多様な世界を目の前に見せる存在に留まるべきなのである。人間がより豊かに生きる上で欠かせない文化とは、そのようにして生まれ、そして育ってきたものに違いない。

こう見てくると、池内の発言が中野の宇宙経綸を理解する上で大いに参考になると思える。ここでもう一人、大島泰郎の一九九五年の発言を見ておきたい。

彼は「生命が宇宙と深く結びついていることはよく知られるようになった。生命を構成している主要元素は水素、酸素、窒素であるが、これらは宇宙でいちばん多い元素である」

と説く。

さらに「われわれはみな〝星の王子様〟である。体の材料が宇宙と同じ、すなわち星と同じであるだけでなく、星に導かれてこの世に現れてきたのである。宇宙のことを抜きにして、生命や人間が理解できるわけがない」と続けた後、次のように綴る。

ちょうど、炭素化合物がほどほどに安定、かつほどほどに不安定であるように、知性の成立には惑星環境がいつもは安定に平穏に、そして、時々ほどほどの大転変地異に舞われることが必要なのである。〝ほどほど〟の宇宙バランスの上に生命や知性は育まれていくのである。

我われの「体の材料が宇宙と同じ」であり、「生命や知性」が育まれるためには「〝ほどほど〟の宇宙のバランス」が必要である。その「宇宙」を、池内は「空間（宇）と時間（宙）の広がり、その中の物質の秩序ある構造の全体像」と説いているのだ。

以上を頭の中に叩き込んだうえで、改めて宇宙経綸に進みたいと思う。

■やり始めない限り、「やる気」は起こらない

『霊界から見た宇宙　一之巻』は、中野が「昭和二十八年十月二日から同年十月三十日迄の間、随時お話し下されたお諭しを側近の城崎女史が筆録したものを集めた」（「編者の言葉」）ものである。

当時の中野は六七歳。超高齢化社会に突入した現在であっても六七歳という年齢は自他ともに〝息切れ〟を感じるようになる年頃だから、いまから七〇年ほど昔にあっては、当然のように社会の第一線から身を引いて当たり前の年齢だったに違いない。

当時の中野は国内的には自らが開いた三五教の基礎固めを進める一方、国際的には互いに異なる宗教者を一堂に日本に集め、世界の恒久平和を目指して語り合う世界宗教会議の実現に向けて奔走していた頃である。

まさに猫の手も借りたいほどの多忙な日々を送っていたはず。にもかかわらず、これだけの著作を残そうと努めたのだから、宇宙経綸を伝えたいという強固な意志に頭が下がるばかりだ。

そこで思い当たるのが、二〇世紀のイギリスを代表する哲学者・数学者のバートランド・ラッセルが語った「興味の向かう先が自分の人生の外に広がれば広がるほど、人生の残り

がわずかかもしれないという思いが気にならなくなる」である。まさに中野の後半生の奮闘を言い当てているように思える。

『霊界から見た宇宙　一之巻』は、次の一節から説き起こされている。

霊界から見た宇宙は日月星辰、地の力によって出来たものである。この宇宙の現象の、その精神を神界と云ふ。また神霊とはお働きを云ふのである。神のお働きには陰陽あり、陽の働きは目に見え、耳に聞こえ、智識におさまり、凡ゆる学問は皆陽の働きなり。陰の働きは、人の目に見えず人の耳に聞こえず、目に見えぬ力を陰の働きと云ふ。これを大精神と云ふのである。

「これを大精神と云ふのである」と断定的に言われても、はいそうですかと素直には受け入れられそうにない。はたして「これ」はなにを指すのか。疑問が疑問を呼ぶ。

だが考えてみれば、それは当たり前だろう。なぜなら中野の真意に辿り着くためには、それ相応の勉強と忍耐が必要であり、長い学びの修練を経てこそ考えが熟成されるだろうからだ。

ここで必要となるのが「やる気」である。

一般に「やる気」が湧いてこそ行動に移れる。そこで「やる気」が湧いてこない限り、膨大な中野の著作から中野の考えを学ぶことなど容易なことではない。「やる気」が起きないから、積読でもいいだろうとなりがちだ。

だが心理学が説く「作業興奮」という考えに従うなら、一般に言われている「やる気が行動の原因」は間違いであり、じつは「やる気」こそが行動の結果につながる。

つまり「やる気」が起きて次に行動に移るのではなく、行動することで「やる気」が呼び起こされる。どうやら人間は、そういうメカニズムに生きる動物らしい。

つまり何事によらず、始めないかぎり「やる気」は起きないもの。まずは行動——この場合は中野の著作を読み解くことだが——を起こすことが決め手になるわけだ。

■「土」の働き

おそらく「霊界から見た宇宙は日月星辰、地の力によって出来たものである」という考えを突き詰めることが、宇宙経綸に向かう最初の関門だろう。そこで取っつきやすいと思われる「地の力」の指し示すところの「地」について考えたい。

ここで言う「地」を具体的な「土」と考えるなら、最近、「土」について土壌学の世界的権威として知られるラタン・ラル特別栄誉教授（アメリカ・オハイオ州立大学）の考えに興味を持った。

氏は一九四四年にインドに生まれ、その後、ナイジェリア国際熱帯農業研究所などを経て一九八七年にオハイオ州立大学教授に就任し、二〇一一年から現ポストにある。

以下、「土に含まれる炭素を〇・四％（四／一〇〇〇）増やすことで、人間による二酸化炭素排出の影響をほぼ相殺できる」との主張を要約し、併せていくつかの実例を示しながら考えてみることにした。

――ヒトが生きて行くためには一人当たり〇・〇五ヘクタール以上の十分な耕地が必要である。だが侵食、塩害、消耗、汚染などが原因で土が劣化すると、健康的で栄養のある食物の生産は不可能になるばかりか、人類は自然から豊かな恵みを得られなくなる。

生きるために必要なものの大部分を土に依存している人類からするなら、土の劣化は死活問題につながり、土の劣化を止めない限り人類の生存、つまり未来は絶望的である。

現在の地球環境から見て、一人当たり〇・〇五ヘクタールの確保は容易ではなく、近い将来の「土難民《つち》」を想定しなければならない。じつは「土難民」こそが、近未来の国際政治の不安定化の引き金を引くことになるだろう。

歴史を振り返るとインカ、メソポタミア、マヤ、アステカなど豊かさを誇った文明も、土が侵食され、塩害を受け、土の消耗が「回帰不能点」を超えた時、崩壊が始まったと考えられる。

今世紀末になれば世界の人口は一一二億人に達すると予測されているが、それだけの人口を養うためには少なくとも一一二億×〇・〇五ヘクタールの〝まともな土〟が必要となる。しかも、この数字は必要最小限である。

それだけのまともな土を用意できなければ、人類はインカや、メソポタミア、マヤ、アステカと同じような悲劇を覚悟しなければならない。

じつは農業の影響を受けているゆえに、土の健康はひどく損なわれてしまった。「病気」と呼ぶべきレベルに達しているような地域がすでに出現している。アフリカのサハラ砂漠以南、南アジア、カリブ諸国、中米、アンデス地域などである。

これらの地域を見ると、やはり貧しく小規模な農家の耕している土の劣化が激しい。その一方で、大規模農家の土にしても生産至上主義から化学物質を大量に、しかも野放図に使ってしまうから、土は病むばかりだ。

最近ではロシアのウクライナがその典型と言える。かつてウクライナには肥沃な大地が果てしなく広がり、農産物の宝庫と呼ばれていた。だが、その肥沃な土を酷使したことから、土から有機物が減ってしまい、畑が白くなり、地味が衰え、このまま放置したならウクライナの土は死に絶える運命にある。

■アラル海の悲劇

中央アジアのウズベキスタンの西部に広がるアラル海にしても、周辺の高地に降り積もった雪解け水を湛《たた》え、かつては「海」と呼ばれるほどに広大な湖面を誇っていた。周囲の農地を潤し、人々に大量の水産物をもたらす〝豊穣の海〟であり、特産であるキャビアはことのほか有名であった。

ところが社会主義の優位性を示そうと考えたソ連は、アラル海周辺の自然環境に適さない稲作や綿花の栽培を周辺住民に強制し、さらに第二次世界大戦後に大区画農地と大型農業機械を導入し、綿花増産に動いた。

こうして綿花生産量は飛躍的に増産され、内外に向け「社会主義の勝利」が華々しく喧

■ウズベキスタンでの植林(2014年開始)

主催:NPO法人グリーングラスロッツ/後援:オイスカ中部研修センター

[植林前の打ち合せ]

[船の墓場]

解説:

[船の墓場]:かつてアラル海は満々と水を湛え、キャビアの原料であるチョウザメの宝庫であった。涸れ果てて干上がった湖底に横たわる数多くのチョウザメ漁専門漁船の残骸。湖底からは塩が吹き出し、砂嵐となって周辺の環境と住民の健康に多大な影響を与える。船の残骸後方の崖の最上端部辺りが、かつての湖面に当たる。

オイスカは今後、アラル海での長期植林を計画している。

[植林前の打ち合せ]:日本側参加メンバー(著者も参加)と現地農業大学学生による現場における最終打ち合せ。手前の少年が手にするサクサウール(学名はハロキシロン)の苗木を砂漠に植林する。サクサウールの根に寄生するニクジュヨウは漢方薬の原料となる。サクサウールの植林によって砂漠の緑化を進めると同時に、ニクジュヨウの収穫によって農民の収入増加を図る。まさに一石二鳥であり、生態系に優しく持続可能な農業が可能となる。

なお写真は2枚ともNPO法人グリーングラスロッツ(2018年撮影)の提供。

伝された。

だが、綿花栽培がアラル海の水を大量に消費した結果、水位は二〇メートル前後も下がってしまい、かつての広大な湖面は見る影もなく、このままではアラル海は地上から消え去って〝幻の海〟となりかねない。

加えて水位が下がった結果、太古の時代は海であった湖底が現れたことで、周辺住民は塩害に悩まされることとなった。

目下、世界的に問題となっている気候変動にしても、土の健康を損なうリスクは高い。加えてアジアで急激に進行している都市化もまた、土にとっては深刻な脅威と言える。

風で飛ばされたり、水で流されたり、地表が削り取られたり、アラル海のように太古の地層の土質が現れたりすることで、土が生まれながらにして持っていた特徴が失われてしまう。

これは「病気」などといった生易しい状態を遥かに超え、土の「消滅」を意味すると説かれている。地球上の土を何十年、いや何百年、ともかくも人間の考えられるレベルの時間軸で元の状態に戻すことは不可能に近いとの悲観論も聞かれる。

劣化した土は当然ながら豊かな実りをもたらさないが、それ以上に問題なのは負荷を生じることだ。それが二酸化炭素の排出、水の汚染、生物多様性の喪失につながる。

だが、現状を子細に検討すれば分かることだが、慎重に土を管理し、病気を治す方向に進むなら、現在はもちろん、将来の人口を養うことは可能となるはずだ。

■疲弊する土

ヒトが肝に銘じなければならないのは食糧も水も空気も、そして土も当たり前にあるという考えが誤りだということである。

以上、ラタン・ラル特別栄誉教授の主張を柱に考えてみたが、彼は一方で日本古来の農法に注目し、次のように指摘している。


古くから続く日本の農業を見直す必要がある。古くから日本の農業は土を上手に管理してきた。農民と土の共生と言えるかもしれない。

土と共生してきた素朴だが再生可能な日本本来の農業を見直す。そこから学ぶ。将来の世代も、土という有限で貴重な資源を守る教育を受けるべきだ。

まさに、オイスカが創立から現在まで取り組んできた「土の大教育」「農業の大教育」と同じだろう。

■「私たちに課せられた大切な使命」

ご即位から一カ月が過ぎた二〇一九（令和元）年六月二日、愛知県で開かれた第七〇回の全国植樹祭に臨まれ、天皇陛下は「お言葉」を発せられた。

　今、こうして、初めて第七〇回全国植樹祭に臨み、国土緑化の中心的行事として、七〇年にわたり開催されてきた歴史の重みと、国土緑化に長い年月を掛けてこられた先人の努力に思いを馳せ、感慨を覚えます。我が国は、国土面積の三分の二を森林が占める世界有数の森林国です。健全な森林は、木材を始めとする林産物の供給のみならず、清らかな水、豊かな実りをもたらす大地や海を育み、さらには地球温暖化防止や生物多様性保全にも大切な役割を果たすなど、私たちに様々な恩恵をもたらしてくれる国民共通の財産といえます。

こうした、森林のかけがえのなさを思うとき、その保全はもちろんのこと、森林を伐採して利用することに伴い、再び苗木を植え育てることを通じ、健全な森を次世代のために造っていくことは、私たちに課せられた大切な使命であると考えます。（以下、略）

やはり言葉は社稷《しゃしょく》、つまり民族精神の根幹中の根幹である。だからこそ日本人としては時には便利ではあるが道具でしかないケータイやスマホから手を離し、素晴らしい日本語を音読し、日本語独特の「響き」を静かに体で感じ、日本語を通じて過去と未来とに思いを馳せることも必要だろう。

ところで天皇陛下が述べられたのは樹木が群生する物質としての「森林」でも、H_2Oの原子記号で示される物質としての「水」でもなく、それらを超えたもの。あえて言うなら「いのち」であり、「森林」や「水」に宿る「いのち」、つまり「いのちの循環」であると考えられる。

「健全な森林」が「木材を始めとする林産物」を生み、「清らかな水、豊かな実りをもたらす大地や海を育」くみ、「地球温暖化防止や生物多様性保全にも大切な役割を果たす」ことになる。

だが、「健全な森林」から始まった「いのち」の長い道のりは、「地球温暖化防止や生物多様性保全」で終わってしまうはずがない。それというのも、「いのち」は一過性ではありえないからだ。

「地球温暖化防止や生物多様性保全」は人々が求める終着点ではない。そこで「いのち」が絶たれてしまったのでは、次の段階における「地球温暖化防止や生物多様性保全」は達成されない。その先には、必ずや新たな「健全な森林」が整えられていなければならないのである。

であればこそ、「健全な森林」から「地球温暖化防止や生物多様性保全」へという道のりは、やがては「健全な森林」に還《かえ》る。つまり「いのちの循環」を絶やさず続けること。これこそ天皇陛下が「お言葉」で指し示された「私たちに課せられた大切な使命」に違いない。

■いのちの循環

「いのちの循環」は、また過去・現在・未来と連続する時間軸でとらえることもできるのではないか。

現在の私は、現在の私だけの力で地球上に存在しているわけではない。現に私が存在するということは、私の以前に先人の存在があるからであり、もちろん現在は過去の礎の上に成り立っているわけだ。この時間軸を未来に伸ばしてみると、未来から見るなら現在は過去になる。

つまり未来は、現在の私が過去の礎の上に存在していると同じように、現在（＝過去）を礎として存在することになるに違いない。

以上を簡単に図示してみる。

過去⇒現在⇒未来
　　　←　　←
　　　過去⇒現在⇒未来
　　　　　　←　　←
　　　　　　過去⇒現在⇒未来
　　　　　　　　　←　　←
　　　　　　　　　過去⇒現在⇒未来

こう考えてみると、現在から見ての過去は、かつては現在だったことが朧気ながら浮かんでくるだろう。現在は未来から見れば未《いま》だ訪れてはいない過去であり、その未来も、その先の未来から見れば過去になってしまう。

やや強引に表現するなら、過去⇓現在⇓未来という永遠の関係は、宇宙が生まれた気の遠くなるような昔から、現在を三五《なかだち》として悠久の未来に三五《つな》がれていることになる。

だが過去は、たんなる過去なのか。

数千年昔の過去であろうが、その時代を生きた人々からすれば過去ではなく、紛れもなく現在であったに違いない。

現在の我われもまた、単に数千年後の未来の礎になるために現在を生きているわけではない。よりよい未来のために、過去の人々が現在の我われに礎を築いておいてくれたように、現在の我われの使命は未来のためにより良き環境を整え、後世につなげることだ。

平成から令和への時代の転換点で、テレビや新聞などのマスコミでは「平成とはどんな時代であったのか」「これから始まる令和はどんな時代になるのか」などといった特集が組まれたが、これもまた過去⇓現在⇓未来という永遠の関係を知りたいという日本人としての当然の願望だろう。

平成の三〇年間に昭和が映っている。その平成の三〇年間に令和という新しい時代を導く芽が隠れているはずだ。令和は平成と地続きの関係にあり、平成は昭和の後半に、昭和の後半は前半の戦争の時代につながっている。

明治、大正、昭和、平成、そして「いま」始まった令和と、それぞれの時代がそれぞれに先立つ時代の礎の上に成り立ち、時を送ってきたのである。

■「資源と枯渇」

ここで別の角度から「いのちの循環」を考えてみたい。

フランスにアンドレ・ルロワ＝グーラン（一九一一～八六年）という先史学者・社会文化人類学者がいる。

二〇世紀のフランスを代表する知識人の一人で、人間と動物および社会の進化の本質に迫るために人生を奉げた学者だが、長い学究生活を振り返って『世界の根源　先史絵画・神話・記号』（蔵持不三也訳　筑摩書房　二〇一九年）を残している。

若い頃に日本に留学し、満州事変や上海事変に揺れた混乱期の中国を体験し、フランスに戻って後には「とくに強かった愛国心」を抱いて対独戦争に従軍するなど、興味深いエピソードを挟んで波乱万丈の人生を送った。

彼は機械を使うようになって以後の人類の歴史を興味深く分析し、「これまで人は過度な進歩のもつ虚飾にひどくゆっくりではありますが、気づいてきました」と指摘した。

さらに「資源と枯渇」をテーマに、「過剰人口としかるべき快適さとを同時に維持することは不可能です。地球資源を節約するために下されたさまざまな決定は速やかに人波にかき消されてしまっています。その好例がインドです」と問題提起をしている。

彼もまた中野と同じようにインドに目を向ける。彼が中野と交流があったという記録はないから偶然の一致だろうが、それにしても両者の話の平仄《ひょうそく》が合いすぎる。

あるいは「過剰人口」「地球資源」といった人類の未来に深く関わる大きな問題を考えるなら、当然のようにインドに引き寄せられることになるのだろうか。

なにはともあれアンドレ・ルロワ＝グーランの発言を追ってみると、不思議なことに宇宙経綸に通ずる考えが秘められているようにも感じられる。彼は次のように説いている。


中国についてもある程度はあてはまるでしょう。こうした国々では、何百万人にもふくれ上がった飢民たちの腹を満足させるための方法が、まず第一に求められております。これから五〇〇〇年間は、こうしたインドや中国の体験が活かされなければなりません。さもないと、一切が灰燼《かいじん》と帰するはずです。そこで今日では土地を節約するどころか、逆に急ピッチでその開発がなされている。しかし、このような状態の行き着く先は、人々が猫の額ほどの土地を耕しながら自らの教養を高めるといったシステムからは、ひどくはなれたところとなるでしょう。世界の構造は全面的に再考されなければなりません。これこそ大部分の人々が何ら意に介していないと思われる重要な問題の一つなのです。愛車のためのガソリンがもはや得られなくなれば、だれもが大変困惑するはずです。おそらくそれは一つの困惑にすぎません。しかし、車の中で燃やすガソリンとは、純粋な損失として蒸発してしまう生命の一部にほかなりません。

人間が人間らしく生きるためには「世界の構造は全面的に再考され」るべきだ。例えば「車の中で燃やすガソリンとは、純粋な損失として蒸発してしまう生命の一部」であるにもかかわらず、「愛車のためのガソリン」は「いのちの循環」を断ち切ってしまう。「大部分の人々が何ら意に介していないと思われる重要な問題」を考えることが重要であり、であればこそ「世界の構造は全面的に再考されるべきである――。

ここで、先に示したラタン・ラル特別栄誉教授の指摘が思い出される。このまま土地が「急ピッチでその開発がなされ」たなら、ヒトが生きていくために必要な「一人当たり〇・〇五ヘクタール以上の十分な耕地」の確保は困難になってしまう。

アンドレ・ルロワ＝グーランの一連の発言は、「土地を節約するどころか、逆に急ピッチでその開発がなされている」ような現代社会に対する深刻な警告である。

この二〇世紀のフランスを代表する「知の巨人」の思いは天皇陛下の「お言葉」に通じ、その遥か先に中野の宇宙経綸がうっすらと姿を現しているようにも思える。

■オイスカの「響き」

ここで別の視点から「いのちの循環」を考えてみることにする。

それというのも、それが宇宙経綸を理解するための重要なキーワードであり、気の遠くなるような過去から現在へと絶えることなく三五《つな》がってきた「いのちの循環」を、永遠の未来に三五《むす》ぶのが「私たちに課せられた大切な使命」であるはずだからだ。

こう考えると、中野は永遠に続く「いのちの循環」の実現をオイスカに託し、援助でも技術移転でもなく、飽くまでも「いのちの循環」に共に取り組むことを、オイスカを通じて世界に向かって呼び掛けようとしたのではなかったか。

だとするなら、オイスカは一般に活動するボランティア団体でもNGOでもNPOでもなく、やはりオイスカは飽くまでもオイスカでなければならないはずだ。

オイスカの四文字に宇宙経綸の神髄が秘められている。いや宇宙経綸をわかりやすく言い換えればオイスカにならざるをえなかった、ということだろう。

じつはOISCAと綴るオイスカには、「オ＝ORGANIZATION（機関）」「イ＝INDUSTRIAL（産業）」「ス＝SPIRITUAL（精神）」「カ＝CULTURAL（文化）」「ADVANCEMENT（促進）」を総合した意味が込められている。

名は体を表す。名前には名付け親の深い思いが込められている。であればこそオイスカという名前からは、中野の根本である宇宙経綸が読み取れるに違いない。

中野はオイスカについて、次の言葉を残している。

昭和三十六年五月に日本で第一回の国際会議が開かれたとき、私が「富士の霊峰を中心として日本の山野が新緑のはつらつたる力をただよわせる時にあたって、人類精神を教化する国際会議が開かれることは、人類の歴史に大きな役割を果たす」ということを最初にいったんです。

そういう意味を現すものとしてオイスカ、つまりOはオーガニゼーション（機関）、Iはインダストリアル（産業）、Sはスピリチュアル（精神）、CAはカルチュラル（文化）とアドバンスメント（促進）からとったもので、つまり「産業・精神・文化の発展高揚のための組織体」の呼称なんです。

産業は、昔から天地創造とか、宇宙造化ということばを使っていますが、この力を産業と呼んでいるので、産業こそがあらゆる存在の根本であることを認識し、政治・経済以前の問題として重要視しているのです。

精神は、宇宙間に行われている産業には、それを導く宇宙の意思が存在し、そこに偉大な精神を認識する。この精神こそが、人類の精神にうけつがれ、民族精神にも分れ、やがて個々人の精神となっていったということ。

文化はやはり産業に源をもつもので、宇宙産業が生んだ物体は、四季の天文となり、暦となって歴史を導いたもので、この天文による人類の導きを称して文化と称している のです。

従ってオイスカとは、産業・精神・文化とは、宇宙の発生とともに起源をもつ理念であって、この時点に立つことによって、人類の福祉となり産業となり、人類に融和をもたらす精神となり、イデオロギーを超越した文化となる。

これが基本精神で、それを実行するのがオイスカということなんです。（前掲「対談：オイスカでは、なにをしているのか」（『20世紀グラフ　70－7』）

いま手元のスマホで簡単に利用できる『デジタル大辞泉』の「産業」の項を引くと、「1生活に必要な物的財貨および用役を生産する活動。農林漁業、鉱業、製造業、建設業、運輸・通信、商業、金融・保険・不動産業などの総称。／2生活していくための仕事。職業。生業。なりわい」と解説されている。

また『新潮国語辞典』（久松潜一監修　新潮社　昭和40年）は「サンギョウ【産業】㈠世渡りの仕事。生業。㈡生産を営む事業」と説く。

念の為に『三省堂　漢和辞典』（長澤規矩也編著　三省堂　1991年）を繰ると、「【産業】サンギョウ㈠世わたりのしごと。なりわい。生業　㈡いろいろの産物を作り出す事業。㈢財産」とある。

おそらく他の一般的な辞典を引いても、同じような解釈になるだろう。

ここから判断しても、やはり中野の説く「産業」が指し示す世界の広がりを感じないわけにはいかない。中野がオイスカの「イ」に込めた「産業」と一般に理解されている産業とは明らかに違っている。

■「イデオロギーを超越した文化」

次に「ス」が指す「精神」だが、これまた一般的に考えられる精神とは明らかに異なる。この宇宙を構成するすべての存在の関係をつかさどり差配する「力」、いわば中野の説く「産業」に反映された宇宙の意志を「精神」と呼び、それが「人類の精神」、「民族精神」、やがては「個々人の精神」へとつながることになる。

いわば中野が考える「精神」は、個人から民族、人類を経て宇宙の全存在にまで連なり、それらを一筋に貫く壮大な「精神」ということだろう。ここら辺りに大石凝真素美の説く「◉《ス》」の言霊が感じられる。

「力」の柱である「文化」もまた、宇宙の全存在に連なるに違いない。

宇宙の「産業」が生みつかさどる四季、四季を写し読み取るための暦、暦が描き出す四時運行の妙が人々の営みに映されて歴史となる。この一連の流れを「文化」と捉えるなら、「この天文による人類の導きを称して文化と称しているのです」との中野の思想も、朧気ながらうなずけるはずだ。

このようにして中野は、「産業・精神・文化とは、宇宙の発生とともに起源をもつ理念であって、この時点に立つことによって、人類の福祉となり産業となり、人類に融和をもたらす精神となり、イデオロギーを超越した文化となる。これが基本精神で、それを実行するのがオイスカということなんです」と結論づけるのであった。

ここで「イデオロギーを超越した文化」などという表現に出くわすと、地球全体がグローバル経済のネットワークに包まれた二一世紀初頭の現在からすれば、やはり時代遅れの考えと批判されそうだが、じつはそうではない。

振り返ってみれば、中野がオイスカ、その前身である精神文化国際機構を創立した一九六〇年前後の時代は米ソ冷戦時代の真っただ中であった。

世界はイデオロギーによって「東」と「西」の二つの世界に分断され、アメリカを筆頭とする自由主義陣営と、ソ連が率いる社会主義陣営とが激しく対立していた。両陣営がイデオロギーを振りかざし、世界各地で不毛の戦いが繰り返されていたのである。

それゆえ当時、「イデオロギーを超越」することは極めて現実的であると同時に解決困難に近い世界的課題だったわけだ。その世界的課題に、あえて中野は立ち向かった。

中野は世界に向かってオイスカの考えを発信し、オイスカの活動を訴えた。中野は自らが背負った世界的使命を、自分の分身とも言えるオイスカに託したに違いない。

たしかに一九九〇年代初頭に起こったベルリンの壁の崩壊、東欧社会主義諸国における共産党独裁政権の瓦解《がかい》、さらにソ連の崩壊によって、それまでの世界を支配していた冷戦構造に終止符が打たれはしたものの、その後に起こった怒濤《どとう》のグローバル化によって、世界は人類が経験したことのないような新しい危機を迎えてしまったのである。

米中対立からはじまり、社会の格差、富の偏在、環境問題、気候変動、そして新型コロナウイルスまで、危機は次々と人類を襲う。

ソ連崩壊前のイデオロギー対立の時代、世界は国ごとに「東」と「西」というブロックに分かれて対立していた。だが、例えば現在のグローバル化・新自由主義というイデオロギーによってもたらされた危機は、国家間にも、そしておのおのの国の中にも格差をもたらし、分断を生じ、対立を固定化させてしまった。

それゆえ一九六〇年代に中野が強調した「イデオロギーを超越した文化」という考えは、決して過去のものではない。むしろ時代を先取りしている。いわば中野の鋭い先見性を示していると言えるだろう。

ここで再びアンドレ・ルロワ＝グーランに戻って考えたい。

なぜ「過剰人口としかるべき快適さとを同時に維持することは不可能で」あり、「地球資源を節約するために下されたさまざまな決定は速やかに人波にかき消されてしまっている」るのか。

■「粗にして野だが卑ではない」

経済小説という分野を開拓した小説家の城山三郎の代表作の一つに『粗にして野だが卑ではない　石田禮助の生涯』（文藝春秋　一九九二年）がある。合理的経営を取り入れ、三井物産を世界的大商社にまで育て上げたと高く評価される石田禮助の生涯を描いた作品だ。

石田は三井物産における経営トップの座を去った後、七八歳の高齢ながら政府などからの強い要望を受けて国鉄総裁に転じ、経営不振にあえぐ国鉄再建に立ち向かった。

石田は国鉄本社に第一歩を踏み入れるに際し、「国鉄が現在のような苦境に陥った責任は国会議員にもある」と言い放ったことでも知られている。歯に衣着せぬ発言だ。

権力を振りかざし、無責任に経営に口を差し挟む無能の塊のような国会議員。加えるに陳腐極まりない政治理論を振り回し、国家の物流システムを破壊する一方で既得権益に執着するばかりの労働組合――こういった自己保身に凝り固まった敵を真正面に見据え、石田は経営者として孤立無援で獅子《しし》奮迅の戦いを挑んだというわけだ。

この小説の見所は、石田が示した決意であり覚悟であり、清々しい生き方だろう。身なりや言葉遣いは朴訥《ぼくとつ》だが、私利私欲はなく志が高い。言動は明快でユーモアに富み、出処進退を含め、振る舞いは常に潔い。

自らを「ヤングソルジャー（若い戦士）」と称し国会議員を叱り飛ばしてまで国鉄改革に身命を賭けた石田の思いを、城山は次のように代弁している。

私の信念は何をするにも神がついていなければならないということだ。それには正義の精神が必要だと思う。こんどもきっと神様がついてきてくれる。こういう信念で欲得なくサービス・アンド・サクリファイスでやるつもりだ。

石田が身をもって示した「サービス・アンド・サクリファイス」、つまり欲得のない社会のための献身・奉仕・犠牲の姿を、城山は「粗にして野だが卑ではない」という言葉で表現したかったに違いない。

いま改めて鶴のような痩身《そうしん》に蝶《ちょう》ネクタイ、加えるに鋭い眼光の石田禮助の写真を目にすると、彼の五体から「欲得なくサービス・アンド・サクリファイスでやるつもりだ」との精神がハッキリと浮かび上がってくるように感じられる。

やはり百聞も百読も一見に如かず、である。

中野與之助と石田禮助二人の佇まい、言い換えるなら「人文《じんもん》」が伝えようとしたのは、生き物としての人間に備わった道具である肉体は、同時に理想と信念を体現させるための道具だということだ。

肉体は思想の培養器であり、理想と信念の容器《いれもの》でなければならない。ヒトは肉体を通じて自分の生き方を模索し表現する、ということではなかろうか。

■「器量」が指し示すもの

「器量」という言葉を考える。

「器量がいい、悪い」という時の「器量」は容貌、ことに顔貌を指すが、「器量がある、ない」といった言い方もある。巨体というだけで「器量がある」わけではないし、小柄だから「器量がない」とは限らない。

やはり世間には図体ばかり大きくても「器量がない」ヤツもいれば、体は小さくとも「器量がある」と一目置かれる人物もいる。

「器量」の二文字を「器」の「量」に分けて一文字ずつ考えると、「器」はなにを指し、「量」はなにを意味するのか。「器」は容れものだが、なにを容れるのか。「量」は文字通り分量だが、なんの分量なのか。

ここで「器量」の「器」とは五体を指し、「量」は能力、度量、才覚、精神などヒトとしての力量、いわば人間力の分量を指すと考えてみた。

「器量」は五体を容れ物にした人間力を指し示す言葉であり、一生とは「器量」を充《み》たす道程であると考えた時、中野の次の言葉の真意が浮かんでくるように思えてきた。

人は地の性質をうけて生まれるものである。人生まれて毛が草木であり、皮膚が地面であり、血管が川であり、神経が道であり歯や骨は岩石であり、肉体は土地に相当する。

この考えに従うなら、私たちの五体そのものが地球と同じ仕組みで成り立っている。そうだとすると、盛んに騒がれながらも袋小路に入り込んでしまったようで二進《にっち》も三進《さっち》もいかなくなっている環境問題に対する考え方や取り組み方法を大転換させるカギが、そこにあるように思えてきた。

環境問題は極めて重大で、誰もが緊急解決の必要性を訴える。だが、とどのつまりは他人事に終わっている。「ＳＤＧｓ（持続可能な開発目標）」や「Ｅｃｏ‐ＤＲＲ（生態系を活用した防災・減災）」などが叫ばれている。

だが、世界は相も変わらずに総論賛成で各論反対の堂々巡りから抜け出せない。

おそらくそれは地球を物質としか見ていない。中野独特の表現では「体的」にしか捉えていないからだろう。もちろん宇宙も。

「かけがえのない地球」を自分の体だと考えたら、「かけがえのない」などと他人事では済まされないはずだ。ここに環境問題に対する発想や取り組み方の大転換のカギがあるに違いない。

■宇宙を相手にした二人の男

いまから一〇〇年ほど前の一九一五年当時、第一次世界大戦が激しく戦われていた。この年、アインシュタインが一般相対性理論を発表している。

世紀の大天才と評されるアインシュタインが脳汁を絞りに絞って考え付いた理論であればこそ、凡人には判るわけがない。従来信じられていた宇宙観を完全に覆す破天荒な理論だったゆえに、激しい反論が渦巻いた。

だが、一九一九年にブラジルにおける日食観測の過程で証明されたことで、一般相対性理論が宇宙の仕組みを解き明かす最も重要な考えとして認められることになった。中野の説く「天文」の妙というべきか。

アインシュタインの友人の一人にノーベル化学賞を受賞したユダヤ系ドイツ人科学者のフリッツ・ハーバーがいる。彼は「空中窒素固定法」を考え付き、肥料の開発・増産をもたらし、農業生産を飛躍的に拡大させ、人類に大きく貢献したことで知られている。

だが、その一方で毒ガスの開発・生産にも携わり、実際に第一次世界大戦においてはヨーロッパの戦場に出向いて効果を検証しているようだ。

両者とも「超」の字を幾つ重ねても表現できないような天才的頭脳の持ち主であることに変わりはない。

だが、ある科学史研究者は二人を比較して、「ともかく彼（アインシュタイン）が取り組んでいた相手は宇宙であり、ハーバーにとっての最高の価値である国家とは、ある意味でケタが違っていた」（宮田親平『愛国心を裏切られた　ノーベル賞科学者ハーバーの栄光と悲劇』朝日文庫　二〇一九年）と記す。

じつはハーバーの評価はさておき、気になるのが「ある意味でケタが違っていた」と表現される「彼が取り組んでいた相手」の宇宙である。

やや飛躍するようだが、アインシュタインと同じように中野にとっても「取り組んでいた相手は宇宙」だった。

宇宙の姿を、特殊な極めてシンプルな「アインシュタイン方程式」によって解き明かしたアインシュタインに対し、中野は「大地」「太陽」「太陰」の三つの総合によって宇宙を解きほぐそうとした。宇宙経綸は、こう位置づけられるのではないか。

ここで先にあげた池内了の、次の言葉を思い出す。

自然と切り離された机上の宇宙を弄ぶようになったとき、「かくあれかし」や「かくあるはず」の宇宙になってしまう。現在で言えば、アインシュタインの宇宙方程式に機械的に数値を当てはめて宇宙を解析する態度である。この方程式は決して最終理論ではなく、その背後にはより普遍的な原理があり、それを宇宙の詳細な観測を通じて明らかにしていくことこそが、今求められているのである。

また、時代が定常的になると、宇宙観も停滞する。逆に、宇宙のダイナミックな描像は、社会に新たな展開を促す契機を与えるだろう。宇宙論の研究は、じつはそのような力を秘めていることを、もっと意識すべきだと考える。そのためには、宇宙研究がもっと社会に密着したものにならなければならない（前掲『思惟する天文学——宇宙の公案を解く』）。

■ビジネスチャンスという〝悪魔の囁き〟

例えば宇宙飛行士を経験し、日本科学未来館館長を務めている毛利衛は、『日経ビジネス』

（二〇一九年一二月一六日号／日経ＢＰ）の巻頭を飾る「有訓無訓」で、二〇〇〇年に試みた二回目の宇宙飛行での経験をテーマにして次のように語っている。

地球をハイビジョンカメラで撮影していると、あることに気が付きました。雪に覆われていた中国北部の都市部が異常な黒さなのです。欧米の都市と比べて違いは一目瞭然でした。

石炭による家庭の暖房や火力発電所からのすすや煙を大幅に減らすことができれば、白い雪景色になるはず。ばい煙排出削減の技術を持つ日本企業にとり大きなビジネスチャンスにもなると感じました。

そして今、国連が推進する「持続可能な開発目標（ＳＤＧｓ）」が広がってきたことで、「環境先進国ニッポン」をアピールする機会が訪れています。何より世界に誇れるのは、人と機械によるテクノロジーの「調和」だと思います。

掲載した雑誌がビジネスマン向けの情報誌で知られる『日経ビジネス』だけに致し方がないとは思うが、「日本企業にとり大きなビジネスチャンスにもなると感じました」との一行には、やはり違和感を覚えないわけにはいかない。

毛利の主張をそのまま受け取るなら、「大きなビジネスチャンスにもなる」から「ばい煙排出削減の技術を持つ日本企業」は中国に進出せよ。ならばビジネスチャンスが見込めないなら手を引くべきだ、ということを意味することになろうか。

だが、ビジネスチャンスの有無だけが、人々の行動を動機づけしているわけではないだろう。

早くから中野は「『家が繁盛した、金が儲つた』と云う様な事は、全く取るに足らないオダ話であると感ずる」と口にしていた。これを言い換えるなら、ビジネスチャンスがあろうがなかろうがヒトとして為すべきことは為さねばならない、ということになるはずだ。

ところで「オダ話」は、「手間勝手な自慢」とか「ホラ」に近い意味。おそらく中野の故郷辺りの方言と思われる。

■「大地」と環境

とはいえ中野は環境問題を軽視しているわけではない。むしろオイスカの基本理念は広い意味で環境問題にあると確信したい。

第二次世界大戦の後遺症でもあった大混乱に世界中が苦しんでいた時代、中野は環境が将来の世界を悩ませる大問題に発展することを見通していたからこそ、オイスカを創設したはずだ。

中野は環境に対し、次のような考えを持っていた。

地は森羅万象悉く育てる陰力の大なる力で、実に見事なものである。草花は時が来れば、国々ともに百花爛漫に咲き揃ふのである。草花も時を知らせ、花を揃へ、時が来れば自然に地にかへるものである。

又木に於ても勢ひよく繁茂し、山を見ても、地の有難き事がよく判るのである。地上に小鳥は舞ひ遊び、雲雀は春の空高く高音をはる。これは人の出来る仕業ではなく、この風景を見ても自然の姿に出来てゐるものである。

これに続いて中野は、「芋一つでも野菜一葉でも人の手のひらで出来るものではなく、皆地の働きによつて出来るもの」であり、とどのつまり「日常生活が出来るのも大地のお蔭である」。「地ほど人にとつて恵み深きものはないのである」と綴る。

中野の自然観は宇宙経綸という壮大な理念体系に収まっているわけだが、その中心が「大地」であればこそ環境問題は宇宙経綸に深く関わっていることになる。

現在、環境問題を知ろうと書店や図書館に行くと、無数とも言えるほどの書物を手にすることが出来る。これまで手にした何冊かのうちで殊に興味深かったのは、アメリカ人ジャーナリストのアラン・ワイズマンの『滅亡へのカウントダウン　人口危機と地球の未来（上・下）』（鬼澤忍訳　早川書房　二〇一七年）である。

地球規模で危機的状況が進む環境問題の現状を分かりやすく解説し、問題点を鋭く指摘している。そこで中野の考えを頭の片隅に置きながら読み進んでみた。

■「滅亡へのカウントダウン」

まず環境破壊という暴挙の背後にあるのは人間の暴飲暴食ぶり、言い換えるなら止めどない欲望にあると、同書は指摘する。

つまり「世界が経済学者でなく生物学者によって運営されれば、人間をはじめ、いかなる種も無限に繁殖して広がることはできないと、誰もがわかるはずです。無限の繁殖は結局、食糧などの重要資源の枯渇を招き、最終的に死による個体数の激減に至るのである」。

どうやら「無限の繁殖」という際限のない欲望が、人類の「滅亡へのカウントダウン」を刻んでいる。我われ一人ひとりの欲望が回り回って自分の首を絞め、人類を絶滅の危機に追いやり、とどのつまりは地球の破滅を招いてしまう、ということになるようだ。

であるからこそ問題は深刻である。

だから、自分一人の欲望は小さなものだから許されるだろうなどという〝抜け駆け〟は断固として許されない。環境問題解決に例外はない。腹をくくり、覚悟を持ち、誰もが自分の問題として向き合うしかない。

考えてみると際限のない欲望は、たしかにビジネスチャンスに満ちあふれている。それゆえに、そのまま際限のない消費に一直線で突き進んでしまう。際限のない消費は否応なく際限なく資源を使う。そこで、行き着く先は資源の枯渇だろう。

どうやら人間の欲望に歯止めを掛けない限り、いつしか資源を使い尽くしてしまう。かくして資源が枯渇した末には、当然のように生命は絶えるしかない。生命の終焉《しゅうえん》は避けては通れなくなる。

アラン・ワイズマンは、「こんにち増加しつつある消費は〔中略〕、この惑星にとって人口の増加よりはるかに大きな脅威です。最も裕福な七パーセントの人々が二酸化炭素排出量の五〇パーセントに責任を負っています。下から五〇パーセントを占める貧しい人々は七パーセントを排出しているだけです」と、消費の現状を説いている。

ということは、将来にわたって人類が大量消費社会を無自覚に続けた場合、「最も裕福な七パーセントの人々」の二酸化炭素排出量は右肩上がりで増加することになるばかりであり、「下から五〇パーセントを占める貧しい人々」が環境破壊のしわ寄せを引き受けざるを得ない立場に追い込まれてしまうことになる。

「最も裕福な七パーセントの人々」が過剰なまでに好条件に満ちた環境を享受できるのに対し、「下から五〇パーセントを占める貧しい人々」の生活環境、教育、職業、医療、住居などは悪化するばかりである。

ビジネスチャンスの恩恵は、「最も裕福な七パーセントの人々」を際限なく潤しはするが、「下から五〇パーセントを占める貧しい人々」のところに回ってくるのは苦しみでしかない。こんなバカバカしい仕組みがあっていいはずはないだろう。

「こんにちの鈍りつつある人口増加率であっても、世界人口は二一〇〇年までには少なくとも一〇九億人に達するはずだ」。現在の世界人口は七〇億人余であり、この予測が正しいとするなら八〇年ほどが過ぎる頃になると、地球は現在より四〇億人ほど多い人口を支えなければならないことになる。

それだけの人口の衣・食・住の最低限を満たすだけの余力を、この地球は残しているのか。水、空気、食糧、衣服、住居、自然……ちょっと考えてみただけでも暗澹《あんたん》たる思いしか浮かびそうにない。

■暴走する気候

次はアフリカ内部のイスラム教信仰地域においてだが、「どの村でも、女性は次々に子供を産む。死んだ子供の数を上回るように努めている」。そんな村々は、「二〇〇〇年以降、欧米が原因の気候変動のせいで雨がまったく降らなくなった」というのだ。

雨が降らなければ農地は砂漠化し、荒れ果て、地力はやせ細るばかりだ。やはり中野が説くように、「大地」は「森羅万象悉《ことごと》く育てる陰力の大なる力」を失ってしまう。

ここで危機感を抱かざるを得ないのが、最先端科学技術を誇る「欧米にも、暴走する気候を制御するテクノロジーはない」という厳然とした事実だ。

最近、テレビでは天気予報に関する番組が多くなり、気象予報士が天候の変化の仕組みを以前に較べ面白おかしく、分かりやすく解説してくれる。

スーパー台風、ゲリラ豪雨、記録的短時間大雨情報、線状降水帯、爆弾低気圧など異常気象を表現する新語も続々と登場している。それはまた、我われを取り巻く気象環境がこれまで経験したことのないような劇的変化を起こしていることを意味しているに違いない。

だが、例えば二〇一九年秋の台風一五号、一九号の被害を思い起こすたびに痛感させられるのは、やはり「暴走する気候を制御するテクノロジーはない」ことの恐ろしさであり、人の力のむなしさである。

かつては「台風一過」の後には「爽やかな秋空」という言葉が続いていた。だが最近では「台風一過」の後に無数の悲劇が残されるばかりだ。

屋根も壁も強風で吹き飛ばされた家、分厚い泥で覆われてしまった田畑やリンゴ園、吹き飛ばされたビニールハウスに残されたイチゴの苗、倒木によって破壊された杉林、寸断された鉄道路線、道路網。電線は寸断され、水道管は破壊される。これが最近の「台風一過」の後に広がる惨憺たる光景だ。

極端な場合、「台風一過」の後に再び台風の襲来である。

いまビジネスの世界では無限の可能性を秘めたＡＩ（人工知能）に関心が集まり、ビジネスチャンスが盛んに叫ばれている。だがＡＩに天気予報の精度を上げることを期待できても、「暴走する気候を制御する」ことは無理ではなかろうか。

それというのもＡＩとはいえ万能ではなく、やはり「森羅万象悉く育てる陰力の大なる力」の前では無力ではないか。だからこそ「森羅万象悉く育てる陰力の大なる力」を深く考えるべき時だと確信する。

■〝ふるさと〟の力

話をアフリカ内部のイスラム教信仰地域に戻す。

じつは「昔は、生まれてきた子供全員に十分なスペースも草もあった。その後、たった二〇年で木々はなくなり、人間だけが残った」。だから家族計画を考え直さない限り、彼らの〝ふるさと〟に未来はないということになる。

かねてからオイスカは世界に向かって「ふるさとづくり」運動を提唱し推し進めてきたが、オイスカが理想とする〝ふるさと〟は、「森羅万象悉く育てる陰力の大なる」を持つ「大地」の上にこそ作り上げられなければならないはずだ。

やはりオイスカが目指す〝ふるさと〟こそ、「森羅万象悉く育てる陰力の大なる」を秘めていなければならないだろう。

「森羅万象悉く育てる陰力」などと表現すると、なにかとてつもない超人的大事業かと考えそうだが、そんなに大それたことではない。人々の住む環境を「生まれてきた子供全員に十分なスペースも草もあった」状態に戻す。ただそれだけのことである。

だが、その〝ただそれだけのこと〟のために、どれほどの不断の努力が必要になるのか。考えただけでも気が遠くなるが、やはり前に進むしかない。それがオイスカの使命だろう。

■「水に飢えた根」が町中の水道管を破壊する

パキスタンでも問題は山積している。

グッカルと呼ばれている地元種の木は高価格で売れる、つまり「大きなビジネスチャンス」にもなる。そこで「政治的なコネや武器を持つ者、あるいは政治家本人によって伐採され」てしまう。

その後に彼らは、「土壌を制御するためにテキサス産のメスキートを持ち込んだものの、増えすぎて逆に手に負えなくなった」というのだ。

南米原産のメスキートは耐乾燥性に強く増殖を続ける。そこで「焼き払おうとしても、それを上回る速度で育つ」。そこでメスキートに代わってオーストラリア産のユーカリを植えたが、「水に飢えた（ユーカリの）根が町中の水道管を破壊」してしまった。「大きなビジネスチャンス」が権力者の欲望を刺激し、肥大化した欲望がモンスターに化けて「町中の水道管を破壊」する。水道管が破壊されたことで被害を受けるのは、町中の人々になる。

どうやらパキスタンでも、「最も裕福な七パーセントの人々」のために「下から五〇パーセントを占める貧しい人々」は苦しまなければならない。だからこそ「大きなビジネスチャンス」は〝悪魔の囁《ささや》き〟と言い換えることができるのだ。「大きなビジネスチャンス」は、パキスタンから遠く離れた南米のチリでも猛威を振るっていた。中央アメリカ原産のアボカドをチリで生産し、それをアメリカ富裕層の食卓に大量に送り込むという「大きなビジネスチャンス」が、じつはチリの地下水の枯渇と旱魃《かんばつ》を招いていたというのだ。

「大きなビジネスチャンス」とアメリカ富裕層の季節や環境を度外視してでも珍しいものを口にしたいという欲望が重なり合って、チリで環境破壊が進んでいるのである。

太平洋を挟んで対角線上に位置する日本でも、アボカドを手にし、口にする時、チリの地下水問題に思い至る感覚を持ち合わせたいものだ。だが、それはチリとアボカドの関係にとどまるわけではなく、世界のどの地域でも起こりうる、あるいは現に起こっている問題だろう。

■問題は私たち人間ではないか

かつてボンベイと呼ばれたインドの古都であるムンバイは、いつの間にか「インド最大の人間のるつぼ」に変貌していた。

水深の深い港を持つムンバイはインドを代表する港湾都市であり、金融、ビジネス、芸能の首都であることから、「大きなビジネスチャンス」は無数に転がっている。

そこで、「大きなビジネスチャンス」を目当てに欲望が渦を巻き、巨大ビジネスが動き出し、いまやインドの税収の四〇％を担う途方もない巨大都市に変貌を遂げたというのだ。「途切れることのない建築工事のおかげ」で、無限の労働力を呑み込み肥大化する。ビジネスチャンスに満ちたムンバイは、欲望をエンジンに拡大を止めない。巨大クレーンが朝から晩まで唸《うな》りを上げて動き回り、次々に新しい巨大なビルが建設される。

「ムンバイは地球上でも数少ない雇用率一〇〇パーセントの場所だ。ここでは文字どおり誰でも仕事が見つけられる」。かくして労働者が無数に集まってきた。

だが、問題は「雇用率一〇〇パーセント」を可能にしていた建設という巨大ビジネスに潜んでいた。いつしか建設ブームは終わりを迎える。その時、哀しいことに無数の労働者の行く先は用意されていない。

無数の労働者は、よりよい生活を求めてムンバイに集まった。だが、はたして彼らに帰るべき〝ふるさと〟が残されているのか。じつは、その可能性は限りなくゼロに近い。

こう見てくると、やはり問題は否応なく欲望の容器であるヒトに行き着いてしまう。

■ヒトという欲望に満ちた動物

たしかにヒトも動物だが、単なる動物ではないはずだ。「いま」という瞬間に向き合って生きている動物とは違い、ヒトは過去を礎に未来に思いを馳せた上で「いま」を生きていることができるし、現にそう生きているはずだ。歴史とは、その繰り返しだろう。

現に存在している動物は、気の遠くなるような時間の中で進化を繰り返してきたからこそ、変化する環境に対応できている。その意味からして、動物の中にも過去はあるに違いない。

だが、その過去は意識的に記憶・記録されているわけではなく、本能の中に納まっているように思える。動物が歴史という意識や感覚を持ち合わせているとは思えないし、同じような意味から未来はないはずだ。

動物がよりよい未来を求めて、あるいは来るべき未来の環境変化を想定してあらかじめ進化を操作しているとは思えない。動物は自らの安全のために未然に危機を感知するといわれているものの、それは本能だろう。決してより良い未来を構想しての行動ではないはずだ。

だが、ヒトは違う。過去の智慧を「いま」に生かし、「いま」を礎により良い「あす」を願う。より良い未来を構想して「いま」を生きている。あるいはいまだ訪れてはいない危機を想定して、その危機への対応を工夫しながら「いま」を生きているに違いない。

いや、なによりもそう生きるべきであり、そのように生きるべくして生まれてきたはずだ。

これこそが、過去から「いま」へと黙々と続き、「いま」から未来へと黙々と続けなければならない「持続可能な生き方」である。

だからこそ、昨今の国際機関でもてはやされている「持続可能な開発目標（ＳＤＧｓ）」などという議論は、とうの昔に中野が説いた宇宙経綸に指し示されていると考えるのである。

■自然が内蔵するＳＤＧｓシステム

ヒトは欲望を際限なく肥大化させるが、動物は満腹になればそれ以上は求めない。そう言われれば、たしかに自然に生きる動物に肥満はないようだ。ジャングルに棲《す》むオランウータンがダイエットに励んでいるなど聞いたことがない。いかにオランウータンが「森の人」と呼ばれていようとも、である。

ところがペット・フードに慣れ親しみ飽食を知ったペットは、ヒトと同じように肥満や生活習慣病に悩み苦しんでいるらしい。

じつは動物が蓄えるものは自分の必要分だけとされ、かりに余ったとしても森には最終的にはバクテリアという「消費者」がいて、最終処理を引き受けてくれる。その意味では動物は「足るを知り」「分を弁《わきま》えている」わけであり、自然は「もったいない」を知るシステム――あえてＳＤＧｓとでも言っておこう――を自動的に内蔵していると考えられる。

どうやら未来への不安こそが、ヒトの欲望を際限なく膨らませるらしい。だが、動物はそうではないようだ。

例えばシマリスは冬を前にドングリを集めるが、欲望がシマリスにドングリを集めさせるのではないらしい。ある動物学者によれば、やがてやって来る冬に危機感を抱くからではなく、シマリスには日が短くなるとそう行動する本能が備わっているとのことだ。

ヒトの欲望には際限ない。個人と言わず、民族、社会、国家が抱く未来への不安が欲望を肥大化させるというのなら、やはり持続可能性にとっての最大の障害は未来への不安ではなかろうか。

だから「いま」が抱える未来への不安を取り除くことこそが、「いま」を生きるヒトが過去から託された使命になるはずだ。

■「体的」とは何か

アラン・ワイズマンは、いま私たち人類は「九つの限界」に直面していると指摘する。それは「気候変動、生物多様性の喪失、窒素とリンの地球規模の循環の乱れ、オゾンの減少、海洋の酸性化、真水の消費、土地利用の変化、化学物質による汚染、大気中の微粒子」である。

ここまでは誰もが納得できるだろう。だが「こうした限界のそれぞれの背後には、語られない同一の原因がある」という。それが「人間の存在の蓄積」だと力説する。

この本に登場する科学者の一人は、「二〇二五年までに三〇億人が水に不自由する」と警告する。「二〇二五年」といえば現在（二〇二一年）から四年後であり、すぐそこだ。

日々、普通に生きている私たちには、わずか四年後に「三〇億人が水に不自由する」などと考えが及ばない。だが科学者が研究の末に行き着いた結論である。頭から否定するわけにもいかないだろう。

例えば地球温暖化だが、これも世界中の多くの科学者の研究によって導かれた人類に対する警告だ。だが、この考えに真っ向から反対し、異論を説く科学者もいる。

温暖化は快適な生活環境をもたらすではないか。温暖化によって寒冷地が減少し、農業生産が向上する。人類の時計ではなく、地球という生命体に備わった時計から考えれば、これから予想される寒冷化こそが人類にとっては危機的問題だなどの主張である。

現在の地球環境を温暖化とみなし、温暖化防止策を打ち出すのも科学なら、温暖化は人類にとって危機ではなく寒冷化に備えよというのも科学である。

科学的真理が科学者の多数決で定まるものではないことは、中世西洋のキリスト教世界の科学によって否定されながらも、「それでも地球は動く」と呟《つぶや》き、自らが考える地動説の正しさを曲げなかったガリレオに見ることができる。

これを言い換えるなら、科学的であることが絶対的に正しい、というわけではなさそうだ。

中野は「智者、学者は一種の学術にとり入れ、業となして研究することは非常によい事ではあるが、只々個人主義に走り分解・分析によつて大なるものをこわし、人間智識により先に進む事が出来ざるは体的なるため、目に見える智識にて解釈出来るだけの学問である」と記す。

やはり「人間智識により先に進む事が出来ざる」のは「体的なるため」であり、「目に見える智識にて解釈出来るだけの学問」を超えることが肝要であることを説いているのである。

■新型コロナウイルスが明かす〝不都合な真実〟

ここで中野の考えた援助の視点から、世界中に恐怖を拡散させながら、一向に収まる気配をみせない新型コロナウイルスを考えてみたい。

二〇一九年晩秋に、中国の中央部に位置する湖北省の省都・武漢で発症した新型コロナウイルスは、二〇二〇年一月末の春節（中国正月）を前に急拡大し、感染の火の手は瞬く間に中国全土に広がり、東南アジアを巻き込み、ヨーロッパに飛び火し、イタリアやスペインを大混乱に陥れ、やがて延焼はアフリカ、南北アメリカや大洋州にまで及び、いまや世界は苦しむばかりだ。

日本でも感染拡大の波は終息する気配すら感じられない。ワクチンの即効効果に多くの期待は寄せられず、世界は先の見えないままに新型コロナウイルスのパンデミックとの格闘を続けるしかない。これが、二〇一九年秋から二〇二〇年を経て二〇二一年へと足かけ三年に及んで世界が直面してきた現実だろう。

中野の考えが、いったい、どこで、どのようにして悪化する一方のコロナ禍に結びつくのか大いに疑問ではある。だが、援助という問題を考える上で避けては通れない極めて複雑で微妙な要素が多く絡んでいるという視点を、まずは頭の片隅にとどめておいて話を先に進めたい。

中野は『霊界から見た宇宙　三之巻』で現代の世界では「人類は恐怖心を起して居る」と語った後、その原因を次のように指摘する。

己の知識が主体なる故に個人主義となり、目的とする処は只日常生活を豊かに暮し、着る物、食う物、住む処の贅沢をし、個人の満足の世界をお互いが競争的に造ろうとして居るのである。

体的の知識は己を守るだけのものである。故に現在の人達は科学は日常生活に於て人を救けるものであると深く心に思い込み、此の様な原因をもつて一寸した浅き目先丈けの体的の生活に心を奪われて、知らず知らずに危険な淵に押し流されて居るものである。

これをコロナ禍に苦しむ現代に置き換えてみるならば、「人類は恐怖心を起して居るものである」が、それと言うのも「個人の満足の世界をお互いが競争的に造ろうとして居る」からであり、「浅き目先丈けの体的の生活に心を奪われて、知らず知らずに危険な淵に押し流されて居る」と言えるのではないだろうか。

「浅き目先丈けの体的の生活」とは、物質的満足感、金銭的豊かさのみの日常であり、それを中野は「全く取るに足らないオダ話」と退けている。

■「古代の本能」

コロナ禍の地球規模での被害拡大の背景として、やはり経済の急成長を指摘しておく必要があるだろう。

経済的余裕がなければ旅行——帰省であれ、観光であれ、海外旅行であれ——を楽しむという発想は生まれるはずもない。その証拠に、飲まず食わずに近い生活を余儀なくされた状況では、国内にせよ海外にせよ、優雅な旅行など考える余裕はないだろう。

やはり人々の社会生活上の様式や振る舞いは、経済発展に伴って増加する収入に応じた形でしか変化しないのだ。

ここで我が国の高度経済成長期（一九五五年~七三年）、殊に前半——まさに一晩寝て起きれば生活が豊かになった「三丁目の夕日」の時代を振り返ってみたいと思う。

経済を急成長させるための工場や機械などの目に見える環境（ハード面）の整備は進ん

だが、それらを円滑に機能・維持させるための生活環境（ソフト面）の整備は遅れた。生産・効率・収益至上主義をイケイケドンドンで実践することはたやすい。だからこそ、テマ・ヒマ・カネの掛かる福利厚生面はおろそかにされ、対応は後手に回ってしまった。あの時代、三井・三池や夕張などの炭鉱で大惨事が頻発し、また水俣病や九頭龍川流域のイタイイタイ病など〝原因不明〟といわれた難病が多くの悲劇を生みだした。

こういった悲劇のその後を振り返ってみるに、やはり先行するハード面にソフト面の環境整備が追い付かなかったゆえに発生した人災であったことを忘れるべきではないだろう。

収入が増し、生活に余裕が生まれれば多くがマイカーを購入し、やがて当然のようにモータリゼーションの時代に突入した。だが同時に、社会全体は交通地獄に迷い込むこととなる。交通地獄から脱け出し、交通事故犠牲者を激減させるために、我われは多くの努力を不断に積み重ねて来たはずだ。

であればこそ、あるいは高度経済成長期を経て日本が克服した人災に関するノウハウを諸外国に伝えることも、これからの援助の柱に据えることが肝要だろう。成功体験ではなく、日本が嘗《な》めた失敗体験をも海外に伝えるべきではないか。

気鋭の進化心理学者であるウィリアム・フォン・ヒッペルは、「利口になったからといって、人類はより賢明になったわけではない。良くも悪くも、わたしたちは古代の本能の多くをいまだ振り払えずにいる」(『われわれはなぜ嘘つきで自信過剰でお人好しなのか』(濱野大道訳　ハーパーコリンズ・ジャパン　二〇一九年)と説く。

やはり「古代の本能」を見極め、どう対処し、どう改めていくのか。

このような難問を克服しない限り、コロナ禍が根絶されることはないだろう。いや新型コロナを超える未体験の危険性を、世界は想定しておくべきだ。

■グローバリゼーションと「あななひ」

前世紀の一九九〇年代前後、米ソ両超大国による冷戦構造が崩れ、ソ連を頂点とする社会主義陣営が瓦解《がかい》し、アメリカ一強の世界に生まれ変わり、国境は限りなく低くなり、経済の世界で新自由主義経済が叫ばれるようになる。すると、国際社会においてグローバリゼーションという考えが強い影響力を持ち始めた。

人々は国境というワクを飛び越えて自由に往来できるようになり、中野の説く「あななひ」によって、世界が一体化への道を歩みだしたように思えた。だが、その一方で、国際社会においても、もちろん一国の国内でも格差という問題が深刻化する。

国際社会であれ、一国内の社会であれ、格差の拡大は政治・経済・文化・教育などの社会生活の全般に及び、それぞれの領域で激しい分断を招いてしまった。そこで世界的に激しい反グローバリゼーションの動きが起きる。

二〇一九年年末に中国の武漢で発生したと伝えられる新型コロナウイルスの感染は、二〇二一年半ばの現在に至っても一向に終息する気配を見せない。そればかりか様々に変異して毒性を増しながら、国際社会を揺さぶり続ける。

かりに中国が毛沢東の時代のように国境を閉じていたと考えるなら、おそらく武漢で発生した新型コロナウイルスは中国の国内で猛威を振るうことはあっても、現在のように地球規模での感染を起こすことはなかっただろう。

人々が自由に交流することの功と罪を目の当たりにした時、ならば中野が「天地を結ぶ、神と人をつなぐ意味である」と説く「あななひ」を現代、そして将来にどのように位置づけるべきなのか。

至難であり抽象的に過ぎるとは思うが、やはり「人は神の容れものであり、神の宮である」ことの意味を自問自答し、「人は宇宙の縮図である」ことを自覚することだと確信する。

であればこそオイスカの使命は重く、尊く、大きく、息が長いのである。

■宇宙は「壮大な書物」

我が国において民俗学という学問分野を切り開いた柳田国男は、また農商務省の役人であり、大正時代には日本が国際連盟から委ねられた南洋諸島の委任統治政策の研究をしている。一九二三年に「委任統治領における原住民の福祉と発展」で、次のように主張した。

　原住民社会の私的生活を理解することなしに、彼らの福祉と発展のためになされる素晴らしい演説はすべて無駄話以外のなにものでもない。なぜなら人間性の普遍的類似を前提とした単なる推論では、私たちに原住民の生活の何らかの改良を進めることを十分に確信させることができないからである。

これに中野が『霊界から観た宇宙　九之巻』に記した次の言葉を重ねてみる。

　産業は国の生活を富ます手段のみの如くに考え、利益・慾得を第一義において産業を行っている。産業の進んだ国、後れた国、未開発の国が入り乱れて、各々自国の繁栄のみに目が眩み、大国が小国を援助するにも、本当に其の国の発展を考えるものではなく、自国の利に動かされて活動するから、援助を与えても其の国からは疑いと警戒の目で見られ援助は生きない。

なぜ援助をするのか。なぜオイスカでなければならないのか。真の援助とは「共にすること」「共通なものとすること」「分かち合うこと」、さらには「通じ合うこと」ではないのか。改めて深く考えさせられる。

ここで唐突だが、地動説を唱えたガリレオが一六三二年に著した『天文対話』の冒頭の一節を示しておきたい。

より高いものを見上げる人は、より優れた人です。そして、哲学の本来の対象である自然という壮大な書物を調べることは、まさに高いものを見上げる方法なのです。此の書物で読むことはすべて、全能の創造主の御業であり、それだけでもこのうえなく素晴らしいことですが、なかでも創造主の見事な御業をもっとも明らかに示す物に

は、最大の価値があります。（古川安『科学の社会史　ルネサンスから20世紀まで』ちくま学芸文庫　二〇一八年）

中野は「より高いものを見上げる人」であり、「全能の創造主の御業」を、自らの人生を尽くして解き明かそうとした。

中野にとって宇宙は「神」が記した「壮大な書物」であり、「自然の聖書」であった。

中野の生涯は「宇宙という壮大な書物」を読み解くことに捧げられた。

中野は説く。


地球上は人間教育の場であり修業道場である。

まだまだ此世には知識で解し難き謎が沢山ある。此の解明を与へられる事が人類万物の利益となりて栄の道開きとなる。


中野は「全能の創造主の御業」を「宇宙経綸」の四文字に凝縮した。その先にオイスカがある。オイスカに委ねられた使命があることを、いま改めて痛感する。

むすびにかえて

――掛川、そして万神堂

中野翁が残した膨大な言葉を読み終え、『三五教報』紙などを頼りに日々の行動を追う作業を終え、本稿の執筆に取り掛かってしばらくした二〇一九（令和元）年末、中国の武漢から新型コロナ感染の情報が伝わって来た。

それから一年半以上の時が流れ、本稿執筆も最終段階に差し掛かった頃、新型コロナ感染に関し、二つの大きな動きがあった。

一つは中野翁がつねに心にとどめていたインドにおける爆発的な感染拡大であり、残る一つは新型コロナに対する有効策とされるワクチン接種に関するテドロス・アダノム世界保健機関（ＷＨＯ）事務局長の発言である。

五月二四日にオンライン形式で始まったＷＨＯの年次総会において、同事務局長は新型コロナウイルスのパンデミックで、「世界は依然として非常に危険な状態にある」と指摘した後、世界中のワクチンの七五％が一〇カ国に集中している現状を「恥ずべき不公平だ。ワクチンを手にした少数の国々が、世界のその他の命を左右している」と強く訴えたのである。

あなない（三五）――

中野翁は「あ」は天であり「な」は地だと説く。ならば「ない」はなにを指すのか。ない、なひ、なう、綯う。綯う……縄を綯う。「縒（ヨ）りをかけて、多くの糸または紐（ヒモ）の筋を交え合わす。あざなう。縒（ヨ）る」（『新潮国語辞典 ――現代語・古語――』新潮社）の、あの「綯う」とも考えられないか。

新型コロナのパンデミックを前に「世界は依然として非常に危険な状態にあ」り、「恥ずべき不公平」に晒《さら》されているいまこそ、天地《せかい》の「あなない」が求められているはずだ。その任を負うのがオイスカだろう。

「その任を負うのが」とは簡単に言えるが、それが容易でないことは誰の目にも明らかだ。だが中野翁は、それを分かった上で「『あななひ』は天地を結ぶ、神と人をつなぐ意味である」と言葉にしたのではないか。

言葉はちから。まことのちから、である。

わたしが初めて掛川の三五教本部に向かったのは二〇一七（平成二九）年六月末、年祭に参加するためであった。留学先の香港で中野翁の名前を知ってから半世紀ほどが過ぎていた。

どこまでも途切れなく続く茶畑の丘陵を抜けて本道を左折し、本部への取り付け道路を登り切ると、真正面にゆったりと大道場が構え、その背後には緑濃き山々が右から左へとなだらかな稜線を延ばしている。後ろを振り向くと、目線を落とした遥か前方には夕日を浴びた雄大な駿河湾に金波銀波が輝いていた。

その時、ここは中国古来の風水思想を見事に生かしてデザインされている。風水思想では最高の適地だと直感したものだ。

風水思想とは三世紀から四世紀頃に郭璞《かくはく》という人物が著したとされる『葬経』に基づく考えで、背後に控える山々に人間が両手を広げるように抱かれた南向きの地で、前方に左から右へと流れる川、あるいは湖や海など水を望むことができる自然環境が終《つい》の住処としては最も相応しいというものである。

天の気が雨と共に地に降り注ぎ、地中に沁み込み、地下の流れとなって南に向い、先の先で地表に湧きでる。その水が集まって川となり湖となり海となり、やがて蒸発して再び天に戻ってゆく。悠久の時の流れの中で、天の気は水と共に再び地上に降り注ぐ。始めもなく終わりもなく循環する天の気は常に瑞々《みずみず》しく清々《すがすが》しい。漲《みなぎ》る天の気に包まれるゆえに、その地では霊魂は朽ち果てることがない。気と命の永遠の還流である。

だが、どこかが違う。中国古来の風水思想が示す条件をほぼ完璧に備えているはずなのに、掛川の地は、どこかが決定的に違って思えた。

いったい、どこが、どう違うのか。

年祭から帰って後、中野翁の『霊界から見た宇宙』のページを繰ってみた。すると、それまでは何気なく読み過ごしていた「個人主義」の四文字が気になりだすようになった。なお、以下は『霊界から見た宇宙』からの引用である。

中野翁は個人主義について、

「科学という力は精神的から見るならば理窟が多く個人擁護をしたがるものである」
「科学が進めば進む程争いや戦争は起るものである。何故起こるのかといえば個人主義である」

「（個人主義は）群衆心理を利用して自分の価値を示そうと物事を争うものである」
「個人主義で死線で活躍するから、自然に義理も人情も無くなるのが恐ろしい」

――と説き、個人主義こそが〈神の子であり神の分け御霊〉であるはずの人を害し、世の中の平安を乱す元凶であることを見抜き、鋭く批判し退けていたのである。

では、なぜ中国人は昔もいまも、風水思想に頼って父母の埋葬の地を選ぶのか。

彼らは風水適地に埋葬されるなら子孫に幸運――具体的には福（子宝）・禄（財産）・壽（長命）がもたらされ、それが祖先の幸運にもつながると考えるからである。

中国の伝統によれば、この世とあの世は地続きであり、彼らの頭の中では、この世があの世で、あの世はこの世という仕組みになっている。

あの世はこの世と合わせ鏡の裏表のような関係にあり、この世にあるものは、あの世にも全部そろっている。この世に皇帝がいるように、あの世にも玉帝と呼ばれる皇帝がいる。あの世にも役人はいる。善人もいれば悪人もいる。悪人がいるわけだから、裁判官がいても不思議ではない。あの世で最もエライ裁判官が閻魔サマである。

さて、子孫がこの世で得られた幸運――具体的にいうなら財産――ではあるが、それをあの世の祖先に送り届けることで、祖先もまたあの世での穏やかな生活を約束されるというのだから、人間的と言えば人間的だが、あまりにも即物的に過ぎるというものだ。

とはいえ、実際に現金をあの世に送り届けるわけにはいかない。そこで彼らはマンション、家具調度から家電製品、高級車、自家用ジェット機、自家用モーターボート、バイク、テレビ、パソコン、ｉＰｈｏｎｅ、ｉＰａｄ、スニーカー、はては紙幣からキャッシュ・カードまでを紙と竹ヒゴなどでホンモノそっくりに作りあげ、霊前に奉げて燃やす。それらの品々は煙となってあの世に送り届けられ、あの世の祖先が使うというカラクリである。

なんとも奇妙な話だが、それが中国の文化というものだ。文化を「生き方」「生きる形」「生きる姿」ととらえるなら、これまで日本人が学んできた「中国文化」とは、いったいなんだったのか。やはり大いに考え直す必要があるだろう。

風水思想にかなうからこそ、この世における子孫の福・禄・壽が約束されると同時に、あの世でも祖先が贅沢《ぜいたく》三昧に暮らせる。どこまでも家族思い――家族主義といえば聞こえはいいが、それは個々の家族の幸運、つまり個人主義につながっていることになるはずだ。

そういった考えを、中野翁は「『家が繁盛した、金が儲つた』と云う様な事は、全く取るに足らないオダ話であると感ずる」と強く否定している。

こう考えると、掛川の本部は風水思想によって結構されていると受け取った私の考えは、明らかに早とちりであり間違いだったことになる。

では風水思想でなければ、どのような考えによって掛川の本部は設計されているのだろうか。こんな疑問を抱きながら、二度目に訪ねたのが翌年二月の節分大祭であった。

前回と同じく、あの広々とした庭に立って前方に目をやる。まず目に入ったのは、限りなく高く、どこまでも広がる大空を背景にゆったりと舞い踊る吹流だった。吹流の色鮮やかな五色は、いっそう鮮烈に空の碧《あお》さを引き立たせていた。

吹流について中野翁は、

「春は万物が芽を出して如何なる野山に於ても青みと変化させ植物に於ては赤き躑躅とか白き躑躅とか、凡ゆる花が色々な色をもちて咲きおるが、この色は何処より与えるのか、与え主は大空である。その大空に凡ゆる百般の色あり、これを大別して五色と型どりて五色の旗を立て、また吹流の色としたものである」

もう少し、言葉を続けたい。

「大空より吹流されて降りて来る色を吹流によりて地上に運びて植物、また凡ゆる物に与えるものである。大別した五色は真に大空の理に合つておるものである。この吹流の立てられた近郷近在は植物に於いても一層力強き色を現わし、大空の色を引寄せる一つの媒介物また中継所ともいえるものである」

「五色の真理であるものを掲げて表示することは喜びのものである事を物語つているものである」

「吹流の洪徳は目にこそ見えねども謂われ深き洪徳のあるものである」

――吹流とは「大空の色を引寄せる一つの媒介物また中継所」だった。大空が秘めた「凡ゆる百般の色」は吹流を経た後に「植物、また凡ゆる物に与え」られる。

吹流に象徴されているように、やはり風水思想を遥かに超えた考えが掛川の本部にはあったわけだ。

碧空《へきくう》に悠然と舞う吹流を眺めていると、「やさしさ」「おだやかさ」「たけだけしさ」「つよさ」「しずけさ」「のびやかさ」「こうごうしさ」「あかるさ」「おおしさ」「ありがたさ」「たおやかさ」「すがすがしさ」「すなおさ」「おおらかさ」「つつましさ」といった言葉が、次々に浮かんでくる。

「言葉には品位あり、その品位に基きて言葉に色あり、また言葉の色に応じた品位を極めて言葉に力あり、その力の品位を極めなければ一言も如何なる意義あるかを心得ることは出来ず」

中野翁の言葉を借りるなら、品位ある「宇宙自然の言葉」こそが掛川の本部に満ちあふれているのではなかろうか。

周囲の山々や林では、四季に応じて木々や花々が生い茂り、そして枯れ、また芽吹く。多くの動物が命の営みを繰り返す。前方の駿河湾は、遥か太古の昔に命を育んだ大海に通じている。その庭には思いを同じくする人々が集う――それらすべてを包み込むように、大きな空がどこまでも広がっている。

　ここで考えた。

　あるいは中野翁は霊界において自らが観た宇宙を地上に思い描き、掛川の地に自らの想念を「体的」に現し、「人は神の子」であり「神の宮」であることを教え諭し、「天地の厚徳・恩恵」を指し示そうとした。であるとするなら、そこは本部所在地であることはもちろんだが、中野翁の説く世界を「体的」に表現した空間ではなかろうか、と。

　こう思い到った時、個人主義から一歩も出ることのないような考えに基づく風水思想を掛川の地に当てはめようとした我が浅はかさに、改めて深く恥じ入ったものだ。

　たとえば悠然と構える大講堂……それを前にした者をして決して威圧感を与えはしない。華美な意匠も一切見当たらず、ケバケバしさなどは微塵も感じられない。素人目には、ただ樸《ス》のままの材木が樸《ス》のままに組み立てられているとしか映らない。だが、なぜか慈父の頼もしさと慈母の優しさに満ちあふれている。

　大講堂を柱として一帯に配置された御霊堂をはじめとする一群の建物に加え、花々、石、山、森、海、そして大空――それぞれが「宇宙自然の言葉」ではなかろうか。あの庭に立てば中野翁が語る次の言葉を聴くことができるに違いない。

「人間は体をもつた有限の世界におると雖も、精神界から神の思召しによつてこの地上に生み出されたものである」

聞くところでは、遥か以前、掛川辺りを歩かれた折に中野翁は、いずれ現在の地に本部が置かれることになるとつぶやいていたとのこと。また江戸時代の古地図では、現在の本部所在地一帯の地名は「万神堂」と記されているとか。古来、この地は万神《よろずのかみがみ》が堂《つど》う場だったのである。

これで中野翁の生涯を追う作業は一段落と思いきや、『霊界から見た宇宙』『宇宙大精神』などに躍動する数限りない言葉を前にすると、まだまだ先がありそうな予感がする。

多くの方々の「あなない」によって、本稿を書き上げることができた。脱稿が大幅に遅れた事をお詫びしつつ、お世話になった方々に改めてお礼を申し上げたい。

令和三年一〇月六日

樋泉克夫 記

◎中野與之助略年譜

一八八七年（明治二〇年）　一歳
八月十二日（旧六月二十三日）、旧静岡県東益津郡焼津村に生る。中野金蔵・はつの（農家）の長男として誕生。名付け親は曹洞宗貞善院の隠居和尚。

一八八九年（明治二二年）　三歳
家庭の事情で曹洞宗貞善院の隠居和尚に預けられる。

一八九一年（明治二四年）　五歳
貞善院の隠居和尚の勧めで家に戻る。

一八九四年（明治二七年）　八歳
四月、焼津北小学校に入学。一一月、母が死亡。

一八九五年（明治二八年）　九歳
小学校二年を三カ月で中退。以後、一五歳頃まで米搗き、米の運搬など家事を手伝う。

一八九九年（明治三二年）　一三歳
焼津の青年詰め所で私立夜間学校に通う。

一九〇六年（明治三九年）　二〇歳
春、単身、静岡県周知郡気多村に赴き材木業に従事。一〇月、同地市川虎吉の次女きよと結婚する。

一九一七年（大正六年）　三一歳

建設工事請負業を始める。

一九一八年（大正七年）　三二歳
名古屋市で建設工事の請負業を営み、長野の水力発電建設工事、渥美セメントのケーブル建設工事等を請負う。配下、約三〇〇〇人。

一九二一年（大正一〇年）　三五歳
思うところあって請負業を止める。出口王仁三郎を綾部に訪ねる。

一九二六年（大正一五年＝昭和元年）　四〇歳
古典研究・霊学研究を志す。

一九二七年（昭和二年）　四一歳
一切の事業を止め古典・霊学研究に打ち込む。

一九二九年（昭和四年）　四三歳
大本教に入信す。

一九三〇年（昭和五年）　四四歳
水野万年、水谷清、荒木田泰邦男爵に就いて言霊学、天津金木学、日本古典、神道祭式・祝詞などを学ぶ（昭和一五年まで一〇年ほど）。

一九三二年（昭和七年）　四六歳
焼津より清水の長沢雄楯宅に日参し、霊学の神髄を学ぶ。（昭和一五年まで）。

一九三五年（昭和一〇年）　四九歳
一二月、第二次大本事件に連座し、京都拘置所に未決囚として収監さる。仏典の研究を始める。

一九三六年（昭和一一年）　五〇歳
　三月、入獄す。

一九三七年（昭和一二年）　五一歳
　一〇月、仮保釈により出所す。

一九四〇年（昭和一五年）　五四歳
　九月、長沢より「霊学奥義皆伝」を許される。一〇月、長沢死去。

一九四五年（昭和二〇年）　五九歳
　大本事件に関する罪状は、終戦の措置により無罪となった。

一九四九年（昭和二四年）　六三歳
　四月、清水市玉ノ井に三五教を開教する。

一九五〇年（昭和二五年）　六四歳
　八月に機関誌『あなない』を、一二月に機関誌『三五教報』を創刊する。

一九五一年（昭和二六年）　六五歳
　海外向け、布教活動を本格化する。

一九五三年（昭和二八年）　六七歳
　二月、講話集『玉泉』を出版。海外友好教団網拡大工作が進展する。
　一一月、『霊界から見た宇宙　一之巻』を出版する。以後、一九六三年までに全一〇巻を出版（なお、著作に関しては著作目録を参照のこと）。

一九五四年（昭和二九年）　六八歳
四月、第一回世界宗教会議を開催する。
一〇月、第二回世界宗教会議を開催する。

一九五五年（昭和三〇年）　六九歳
一月、第三回世界宗教会議を開催する。
五月、第四回世界宗教会議を開催する。
八月、第五回世界宗教会議を開催する。
一二月、第六回世界宗教通信会議を開催する。

一九五六年（昭和三一年）　七〇歳
二月、第七回世界宗教通信会議を開催する。

一九五七年（昭和三二年）　七一歳
一月、三五天文歴算局を開設し、天文観測と天文教育に着手する。

一九六〇年（昭和三五年）　七四歳
精神文化国際会議（英文で The International Congress for Cultivating Human Sprit）の開催を、各国・各地の友好団体（文化・教育・宗教・経済関連民間団体）や個人に呼びかける。

一九六一年（昭和三六年）　七五歳
四月、第一回精神文化国際会議を開催する。
九月、第二回精神文化国際会議を開催し、常設機関として精神文化国際機構（英文で The International Congress for Cultivating Human Sprit = IOCHS）の設立を決定し、中野を初代総裁に選任する。

一九六二年（昭和三七年）　七六歳
五月、第三回精神文化国際会議を開催する。
一九六三年（昭和三八年）　七七歳
九月、第四回精神文化国際会議を開催し、「産業開発機構（Industrial Development Body）」の創設を決議する。
一九六四年（昭和三九年）　七八歳
一月、随員二〇名と共に、香港、フィリピン、インド、パキスタン等を歴訪。アユブカーン大統領（パキスタン）、マカパガル大統領（フィリピン）など各国首脳と会談する。
八月、第五回精神文化国際会議を開催する。
一九六五年（昭和四〇年）　七九歳
一月、第一回IOCHS最高会議を開催し、名称を精神文化国際機構よりオイスカ・インターナショナル（Organization for Industrial Spiritual and Cultural Advancement-International=OISCA International）に変更する。
一九六六年（昭和四一年）　八〇歳
五月、「アジア・アフリカにおける産業開発原論」を発表する。
一九六七年（昭和四二年）　八一歳
三月、第二次東南アジア歴訪に。一行一八名　全日程は五二日間　訪問先はインド、パキスタン、ネパール、タイ、マレーシア、シンガポール、フィリピン、香港、中華民国（台湾）等。
一九六八年（昭和四三年）　八二歳
四月、オイスカ世界最高会議を開催する。

六月、財団法人オイスカ産業開発協力団設立総会を開催（翌年五月認可）。

一九六九年（昭和四四年）　八三歳
四月、アフガニスタン国王と面談する。
六月、インデラ・ガンジー首相（インド）と面談する。

一九七〇年（昭和四五年）　八四歳
八月、ロペス副大統領（フィリピン）と面談する。

一九七二年（昭和四七年）　八六歳
九月、訪米親善使節団（二三名）を率い訪米する。
一〇月、訪華親善使節団（三三名）を率い台湾を訪問する。

一九七三年（昭和四八年）　八七歳
四月、春の叙勲に際し、銀杯三号一組を賜る。
七月、アメリカ国際大学より農学博士号と功績章を授与される。
八月、中華民国（台湾）を訪問する。
八月、中華民国中華学院より名誉哲学博士号を授与される。

一九七四年（昭和四九年）　八八歳
六月、訪問中の台湾で病を得て台湾大学附属病院に入院した後、東京千駄木の日本医科大学附属病院に転院し治療を受ける。
六月二四日早朝、同病院にて永眠する。
七月三日、青山葬儀場にて開所以来初の神式にて葬儀が執行された。
七月二三日、『中野與之助博士米寿記念　明日をつくる　――オイスカの行動と理念』の発行が予定されていた。

『霊界で観た宇宙　十三巻　大教育・精神教化』昭和42年7月
三五教国際総本部
『鎮魂帰神』昭和40年3月　三五教国際総本部
『精神教化と産業開発』昭和40年6月　精神文化国際機構
日本総局（日大講堂内）
『人類完成の歓び』昭和40年7月　三五教国際総本部
『霊観した幽界』昭和40年9月　三五教国際総本部
『世界救済の大道』昭和40年12月オイスカ・インターナショナル世界本部
『日本人の和を願う』昭和47年7月　日本人の和を願う国民運動本部
『玉泉』　昭和28年2月
『三五祭式』三五教国際総本部祭教部　昭和42年3月　　三五教国際総本部

2　伝記他
『精神文化国際機構　中野與之助総裁傳』松井伝一　昭和40年1月
精神文化国際機構世界本部事務局（和泉町）
『オイスカ・インターナショナル　中野與之助総裁傳』松井伝一
昭和40年7月　オイスカ・インターナショナル世界本部事務局
『明日をつくる――オイスカの行動と理念――』
中野與之助博士米寿記念出版委員会　ジャパン・ライフ社、昭和49年。

3　年譜他
『精神文化国際機構総裁中野與之助の経歴とそのおもなる事業』
『中野與之助氏年譜』
『三五教開祖　中野與之助略歴年譜』
『中野家系図開祖略歴』

◎参考文献

■中野與之助関連著作

1　自著

『宇宙大精神　上巻』昭和28年11月
『宇宙大精神　中巻』昭和28年11月
『宇宙大精神　下巻』昭和28年11月
『霊界から見た宇宙　一之巻』昭和28年11月
『霊界から見た宇宙　二之巻』昭和30年12月
『霊界から見た宇宙　三之巻』昭和31年6月
『霊界から見た宇宙　四之巻』昭和31年7月
『霊界から見た宇宙　五之巻』昭和31年12月
『霊界から見た宇宙　六之巻』昭和32年3月
『霊界から見た宇宙　七之巻』昭和32年7月
『霊界で観た宇宙　八之巻』昭和36年2月
『霊界で觀た宇宙　九之巻』昭和37年8月
『霊界で觀た宇宙　十之巻』昭和38年2月
『神人合一の道』昭和38年4
——以上は和綴じ本

『靈界で觀た宇宙　一巻　鎮魂帰神』昭和40年3月　三五教総本部
平成10年3月再版
『靈界で觀た宇宙　二巻　幽界』昭和40年9月　三五教総本部
平成8年8月再版
『霊界で観た宇宙　五巻　天文』昭和41年2月
オイスカ・インターナショナル世界本部事務局
『霊界で観た宇宙　六巻　本命の宗教』昭和41年3月　三五教国際総本部
『霊界で観た宇宙　七巻　霊・神・人』昭和41年5月　三五教国際総本部
『霊界で観た宇宙　八巻　金木・菅曽・太祝詞』昭和41年7月
三五教国際総本部
『霊界で観た宇宙　九巻　精神産業と産業精神』昭和41年9月
三五教国際総本部
『霊界で観た宇宙　十巻　高天原に神留坐す』昭和41年12月
三五教国際総本部
『霊界で観た宇宙　十一巻　霊学・霊智霊覚・神人合一』昭和42年2月
三五教国際総本部
『霊界で観た宇宙　十二巻　人類の繁栄と平和への道』昭和42年3月
三五教国際総本部

■その他

1　単行本

石田英敬『記号論講義　日常生活批判のためのレッスン』筑摩書房・ちくま学芸文庫 ２０２０年
井上寿一『【増補】アジア主義を問いなおす』筑摩書房・ちくま学芸文庫、２０１６年
井上達夫『普遍の再生　リベラリズムの現代世界論』岩波書店・岩波現代文庫、２０１９年
上田賢治『神道神学論考』原書房、２００４年
宇沢弘文『自動車の社会的費用』岩波書店・岩波新書、１９７４年
々　『社会的共通資本』岩波書店・岩波文庫、２０００年
遠藤ケイ『鉄に聴け　鍛冶屋列伝』筑摩書房・ちくま学芸文庫、２０１９年
NHKスペシャル取材班『超常現象　科学者たちの挑戦』新潮社・新潮文庫、平成30年
大河内直彦『地球の履歴書』新潮社・新潮選書、２０１５年
大竹晋『「悟り体験」を読む――大乗仏教で覚醒した人々』新潮社・新潮選書、２０１９年
岡潔『紫の火花』朝日新聞出版・朝日文庫、２０２０年
川田稔『柳田国男――知と社会構造の全貌』筑摩書房・ちくま新書、２０１６年
川村邦光『出口なお・王仁三郎――世界を水晶の世に致すぞよ――』ミネルヴァ書房・ミネルヴァ日本評伝選、２０１７年
黒野吉金『救世天使「中野與之助翁大事業」大探求』私家版、平成23年
小林健三『平田神道の研究』古神道仙法教本庁、昭和50年
小林省太『松がつなぐあした――震災10年　海岸林再生の記録――』愛育出版、２０２０年
斎藤幸平『新人世の資本論』集英社、２０２１年
佐藤勝彦他『思惟する天文学――宇宙の公案を解く――』新日本出版社　２０１３年
佐藤仁『反転する環境国家「持続可能性」の罠をこえて』名古屋大学出版会、２０１９年
更科功『宇宙からいかにヒトは生まれたか　偶然と必然の１３８億年史』新潮社・新潮選書、２０１６年
島薗進・安丸良夫・磯前順一『民衆宗教論　宗教的主体化とな何か』東京大学出版会 ２０１９年
高橋和巳『邪宗門』上・下巻、河出書房新社、１０６６年

出口京太郎『巨人出口王仁三郎』講談社、昭和42年
永岡崇『新宗教と総力戦――教祖以後を生きる』名古屋大学出版会、2015年
中島岳志『アジア主義　西郷隆盛から石原莞爾へ』潮出版社・潮文庫、2017年
中野良子『天地のむすび――農業の大教育――』ジャパン・ライフ社、昭和51年
西内雅『垂加神道の伝承』古神道仙法教本庁、昭和53年
古川安『科学の社会史　ルネサンスから20世紀まで』筑摩書房・ちくま学芸文庫、2018年
濵田研吾『俳優と戦争と活字と』筑摩書店・ちくま文庫、2020年
早瀬圭一『大本襲撃　出口すみとその時代』新潮社・新潮文庫、平成23年
松本健一『出口王仁三郎――屹立する最後の革命的カリスマ』増補版、書肆工房早山　2012年
武内房司編『戦争・災害と近代東アジアの民衆宗教』有志舎、2014年
宮田親平『愛国心を裏切られた天才　ノーベル賞科学者ハーバーの栄光と悲劇』朝日新聞出版・朝日文庫、2019年
村上重良『ほんみち不敬事件　天皇制と対決した民衆宗教』講談社、昭和49年
々『評伝　出口王仁三郎』三省堂、1976年
苗代清太郎『日本語の起源』肇国社、昭和32年
々『日本文化の再発見』肇国社、昭和46年
安丸良夫『出口なお』朝日新聞社、昭和52年
々『出口なお　女性教祖と救済思想』洋泉社MC新書、2009年
山崎弁栄『人生の帰趣』岩波書店・岩波文庫、2018年
吉田麻子『平田篤胤　交響する死者・生者・神々』平凡社・平凡社選書、2016年

2　新聞・雑誌他
『三五教報』三五教国際本部（第1号＝昭和25年12月1日～97号＝昭和34年1月15日）
『中外日報』中外日報社（昭和36年4月12日～同年5月28日）
『ＯＩＳＣＡ』オイスカ・インターナショナル
『20世紀グラフ』二十世紀出版
『東京ライフ　特別号』東京ライフ社

『日経ビジネス』日経BP社
『WEDGE』WEDGE社
『地球ロマン（復刊一号～六号）』絃映社（1977年～78年）
『迷宮』（一号～三号）』白馬書房（1979年～80年）

3　地方史
焼津市史編さん委員会編『焼津市史　通史編　上下巻』（焼津市　平成18年）
清水市史編さん委員会編『清水市史　第一～三巻』（吉川弘文館　昭和52年～61年）
々　『清水市史資料　近代』（吉川弘文館　昭和48年）
々　『清水市史資料　現代』（吉川弘文館　昭和47年）

4　全集・事典など
大学史編纂委員会『東亜同文書院大学史――創立八十周年記念誌――』社団法人・滬友会、昭和57年
荒俣宏編『世界神秘学事典』平河出版社、1981年
出口王仁三郎『出口王仁三郎著作集』（全五巻）読売新聞社、1972年～73年
平田篤胤全集刊行会『平田篤胤全集』（全一五巻、補遺五巻）名著出版、昭和52年～昭和55年
田原嗣郎・関晃・佐伯有清・芳賀登『平田篤胤　伴友信　大国隆正』（『日本思想大系　50』）岩波書店、1973年
本田親徳『本田親徳全集（全一巻）』山雅房、昭和51年
村上重良・安丸良夫江校注『民衆宗教の歴史』（『日本思想大系　67』）岩波書店、1973年

5　翻訳など
アミン・マアルーフ『世界の混乱』小野正嗣訳、筑摩書房・ちくま学芸文庫、2019年
々　『アイデンティティが人を殺す』小野正嗣訳、筑摩書房・ちくま学芸文庫、2019年
アラン・ワイズマン『滅亡へのカウントダウン　人口危機と地球の未来（上下）』鬼澤忍訳、早川書房、2017年
アンドレ・ルロワ＝グーラン『世界の根源　先史絵画・神話・記号』

蔵持不三也訳、筑摩書店・ちくま学芸文庫、２０１９年
ウィル・デユーラント『誰が文明を創ったのか　ブッダからシェークスピアまで』
高田亜樹訳、ＰＨＰ、２００４年
エリック・ホブズボーム『20世紀の歴史――両極端の時代――（上下）』
大井由紀訳、筑摩書房・ちくま学芸文庫、２０１８年
サイモン・シン『ビッグバン　宇宙論（上下）』青木薫訳、新潮社、２００６年。
ジェイムズ・グリック『カオス――新しい科学をつくる』
上田睆亮監修・大貫昌子訳、新潮社・新潮文庫、平成３年
ナンシー・Ｋ・ストーカー『出口王仁三郎　帝国の時代のカリスマ』
井上順孝監訳・岩坂彰訳、原書房　２００９年
ハリー・コリンズ　トレヴァー・ピンチ『解放されたゴーレム　科学技術の不確実性について』
村上陽一郎・平川秀幸訳、筑摩書房・ちくま学芸文庫　２０２０年
ルドルフ・シュタイナー『いかにして超感覚的世界の認識を獲得するか』高橋巌訳、イザラ書房、昭和54年
ロジャー・ペンローズ『皇帝の新しい心　コンピュータ・心・物理法則』
林一訳、みすず書房、１９９５年
々　『心の影　１　意識をめぐる未知の科学を探る』林一訳、みすず書房、２００１年
々　『心の影　２　意識をめぐる未知の科学を探る』林一訳、みすず書房、２００２年

樋泉克夫（ひいずみ・かつお）
1947年生まれ。公益財団法人オイスカ理事。愛知県立大学名誉教授。中央大学法学部、香港中文大学新亜研究所、中央大学大学院博士後期課程を経て外務省専門調査員として在タイ日本国大使館勤務（1983年～85年、1988年～92年）。以後、愛知県立大学教授（1998年～2011年）を経て愛知大学教授（2011年～17年）。華僑・華人論の他に京劇などの中国庶民文化と政治の関係に関心を持つ。著書に『華僑コネクション』『京劇と中国人』『華僑烈々―大中華圏を動かす覇者たち―』（以上、新潮社）などがある。

まことのちから
中野與之助の生涯とオイスカ

2021年12月8日　初版第1刷発行

著者………………樋泉克夫

発行者……………松原淑子
発行所……………清流出版株式会社
東京都千代田区神田神保町 3-7-1 〒 101-0051
電話 03（3288）5405
ホームページ　http://www.seiryupub.co.jp/
編集担当　古満　温
印刷・製本………大日本印刷株式会社

乱丁・落丁本はお取り替え致します。
ISBN978-4-86029-517-2